Domaine étranger

collection dirigée
par
Jean-Claude Zylberstein

UN PÉLICAN
À BLANDINGS

Dans la même collection

PELHAM GRENVILLE
WODEHOUSE

UN PÉLICAN
À BLANDINGS

Traduit de l'anglais
par Anne-Marie Bouloch

Troisième tirage

Paris
Les Belles Lettres
2015

Titre original

A Pelican at Blandings

www.lesbelleslettres.com
Retrouvez Les Belles Lettres sur Facebook et Twitter.

© P. G. Wodehouse 1969.

© 2015, pour la présente édition,
Société d'édition Les Belles Lettres,
95 bd Raspail, 75006 Paris.

Premier tirage 2014

ISBN : 978-2-251-21016-2

CHAPITRE PREMIER

1

Le jour d'été tirait à sa fin et le crépuscule était tombé sur le château de Blandings, enveloppant de brume les vieux créneaux, ternissant la surface d'argent du lac et amenant l'Impératrice de Blandings, la suprême truie du Berkshire de Lord Emsworth, à quitter la partie extérieure de sa porcherie pour se retirer dans l'abri couvert où elle dormait. Fervente adepte de la maxime : « tôt couché, tôt levé », elle allait se reposer chaque soir vers cette heure. Ce n'est qu'en prenant régulièrement ses huit heures de sommeil qu'un cochon peut éviter les rides et conserver son teint de jeune fille.

Privé de sa société, dont il jouissait depuis le déjeuner, Clarence, neuvième comte d'Emsworth, le seigneur de ce royaume béni des dieux, se dirigea rêveusement vers la grande bibliothèque qui était l'une de ses retraites favorites. Il venait de s'asseoir pensivement dans son fauteuil préféré quand Beach, son majordome, entra en portant un plateau lourdement chargé. Il lui accorda ce regard vague qui lui avait si souvent valu le reproche : « Oh, pour l'amour du ciel, Clarence, ne reste pas là à me regarder comme un poisson rouge ! » de ses sœurs Constance, Dora, Charlotte, Julia et Hermione.

– Hein ? fit-il. Quoi ? ajouta-t-il.

– Votre dîner, milord.

Le visage de Lord Emsworth s'éclaira. Il se disait qu'il aurait dû savoir qu'il y avait une explication simple pour ce plateau. On pouvait faire confiance à Beach pour avoir toute chose parfaitement sous contrôle.

– Bien sûr, oui. Mon dîner. Tout à fait. Je le prends toujours à cette heure, n'est-ce pas ? Et, depuis peu, je le prends ici, bien que je ne me rappelle plus pourquoi. Pourquoi est-ce que je prends mon dîner dans la bibliothèque, Beach ?

– J'ai cru comprendre que Votre Seigneurie préférait ne pas partager son repas dans la salle à manger avec monsieur Chesney.

– Monsieur qui ?

– Monsieur Howard Chesney, milord, l'ami américain de monsieur Frederick.

Les rides intriguées qui avaient commencé à s'assembler sur le front de Lord Emsworth disparurent, comme effacées par une lame de rasoir. Une fois de plus, Beach, avec son cerveau lucide, avait éclairci la brume de mystère qui menaçait de défier toute solution.

– Ah, oui, monsieur Howard Chesney. Monsieur Howard Chesney, c'est bien cela. L'ami américain de monsieur Frederick. Savez-vous si on le nourrit convenablement ?

– Oui, milord.

– Je ne voudrais pas qu'il meure de faim.

– Non, milord.

– A-t-il son dîner maintenant ?

– Monsieur Chesney est allé à Londres par le train de l'après-midi, milord. Il avait l'intention, si j'ai bien compris, de revenir demain.

– Je vois. Alors, il dînera probablement là-bas. Au restaurant, ou ailleurs.

– On peut le présumer, milord.

– La dernière fois que j'ai dîné à Londres, c'était avec monsieur Galahad, dans une rue, derrière Leicester Square. Il disait que c'était un endroit auquel il était sentimentalement attaché parce qu'il en avait été si souvent jeté dehors dans sa jeunesse. Un restaurant avec un nom quelconque, mais je ne m'en souviens plus. Ce truc sent bon, Beach. Qu'est-ce que c'est ?

– Du gigot d'agneau, milord, avec des pommes de terre bouillies.

Lord Emsworth reçut l'information avec un signe d'approbation reconnaissante. Un bon plat bien anglais. Comme c'était différent de cette époque horrible, quand sa sœur Constance était le Führer du château de Blandings. Sous son régime, le dîner c'était s'habiller, prendre place à table, probablement avec des tas d'invités effrayants, pour manger des plats aux noms français, et c'était toute une histoire si on avait avalé un bouton de plastron et qu'on le remplaçait par un trombone.

– Et, ajouta Beach qui tenait à être scrupuleusement véridique, des épinards.

– Capital. Capital. Et ensuite ?

– Un gâteau roulé, milord.

– Excellent. Avec beaucoup de confiture, j'espère.

– Oui, milord. J'ai donné des instructions à madame Willoughby…

– Qui est madame Willoughby ?

11

– La cuisinière, milord.

– Je croyais qu'elle s'appelait Perkins.

– Non, milord. Willoughby. Je lui ai donné pour instruction de ne pas lésiner là-dessus.

– Merci, Beach. Aimez-vous le gâteau roulé ?

– Oui, milord.

– Avec beaucoup de confiture ?

– Oui, milord.

– C'est tout à fait essentiel, je le dis toujours. S'il n'y a pas beaucoup de confiture, le gâteau roulé ne vaut pas la peine d'être mangé. Très bien. Vous l'apporterez quand je sonnerai, voulez-vous ?

– Très bien, milord.

Demeuré seul, Lord Emsworth attaqua avec appétit son bon vieux plat anglais en s'émerveillant du formidable changement dans la vie du château depuis que sa sœur Constance avait épousé cet Américain, James Schoonmaker, et était partie vivre à New York. La Providence, jamais mesquine quand il s'agit d'assurer le bien-être d'un homme méritant, avait, de plus, veillé à ce qu'aucune de ses autres sœurs ne vînt la remplacer. À leur dernière rencontre, il avait si profondément offensé Hermione qu'ils ne se parlaient plus et pour Dora, Charlotte et Julia, elles ne quittaient jamais Londres, sauf pour aller dans les endroits à la mode d'Espagne ou de la Riviera. Le danger d'une visite de l'une d'elles était si peu probable qu'on pouvait l'oublier. Il avait à peine eu le temps de penser tout cela, que Beach apparut avec le gâteau roulé. Il se sentait si euphorique qu'il n'aurait probablement pas remarqué si la confiture avait été en quantité insuffisante. Son frère Galahad lui avait dit une fois que c'était une erreur d'avoir des sœurs, qu'ils auraient dû l'éviter, mais que des sœurs qui gardaient leurs distances, c'était presque aussi bien que pas de sœur du tout.

Il n'y avait plus qu'un pépin, dans cet éden. Son plus jeune fils, Frederick, qui travaillait maintenant dans une usine de Long Island fabriquant des biscuits pour chien, avait eu l'idée incongrue de lui envoyer ce Chesney avec une lettre de recommandation et il avait dû l'inviter à rester, mais il avait neutralisé cette menace en prenant habilement ses repas dans la bibliothèque et en l'évitant entre les repas. Un hôte peut toujours résoudre le problème d'un invité indésirable à condition d'avoir une certaine astuce animale et aucune conscience sociale.

Il finit le gâteau roulé jusqu'au dernier atome de confiture et prit son café dans le fauteuil où il se reposait toujours quand il était dans la bibliothèque. Il était à portée de main du rayon où se trouvaient les livres sur les porcs qui étaient sa principale source de rafraîchissement mental. Il en choisit un, s'immergea dedans et n'en détacha pas son attention avant un temps considérable. Ce qui vint le distraire fut le son, parfaitement audible par la fenêtre ouverte, d'une voiture arrivant devant la porte d'entrée. Il en fut alarmé, et quand Beach apparut peu après, il lui parla d'une voix trahissant une anxiété bien excusable. Les visiteurs étaient rares au château depuis le départ de Connie, mais il savait qu'il y avait encore quelques voisins dont, en dépit de ses efforts, il n'avait pas totalement découragé les instincts grégaires qu'il déplorait.

– Était-ce une voiture, Beach ?

– Oui, milord.

– Si c'est quelqu'un pour moi, dites que je suis couché.

– C'est Sa Seigneurie, milord.

– Hein ? Quoi ? Quelle Seigneurie ?

– Lady Constance, milord.

Pendant un instant horrible, Lord Emsworth pensa qu'il avait dit : « Lady Constance ». L'instant suivant, il réalisa que c'était bien ce qu'il avait entendu et il éprouva un ressentiment compréhensible. Durant les longues années où Beach avait été pour lui plus un copain qu'un majordome, il n'avait jamais détecté en lui aucune disposition à la plaisanterie, mais il lui semblait maintenant que l'homme était possédé par un sens de l'humour dévoyé, et il brûlait d'une indignation justifiée. Dommage qu'un type fût capable d'entrer en disant de pareilles choses, sans doute en croyant faire une bonne blague. Il aurait pu lui donner une crise cardiaque.

Puis le brouillard de ses pensées s'éclaircit et il vit le regard en face du sien. C'était un regard dans lequel se mêlaient tristesse, compréhension et pitié ; le regard de quelqu'un qui sait à quel point ce qu'il vient d'annoncer est grave ; de quelqu'un qui comprend parfaitement les sentiments de son employeur et qui, si leurs relations sociales l'avaient permis, lui aurait tapoté la tête en lui disant d'être un homme, car de telles choses nous sont envoyées pour nous éprouver et pour nous affermir l'âme.

Cela convainquit Lord Emsworth. Il comprit qu'il n'était pas supposé apprécier une plaisanterie de son majordome. Si hideuse que fût la vérité, on ne pouvait y échapper.

– Où est-elle ?

– Dans le salon ambre, milord. Sa Seigneurie est accompagnée d'une miss Polk. D'origine américaine, si j'en crois son accent.

Le livre sur les porcs avait depuis longtemps échappé aux mains inertes de Lord Emsworth. Son pince-nez était tombé. Il fit tournoyer ce dernier au bout de sa ficelle.

– Je suppose que je ferais mieux de descendre, dit-il d'une voix faible et sans timbre.

Il se dirigea vers la porte en titubant. Beach, qui lisait quelquefois des romans historiques, bien qu'il préférât Rex Stout et Agatha Christie, le compara mentalement à un aristocrate de l'époque de la Révolution française se dirigeant, plein d'appréhension, vers le tombereau.

2

Ainsi qu'il a été relaté, Lady Constance était dans le salon ambre, buvant du xérès, l'air aussi séduisant et formidable que toujours. Toutes les sœurs de Lord Emsworth étaient bâties sur le modèle le plus sévère des déesses grecques – sauf Hermione, qui ressemblait à une cuisinière – et Connie, en particulier, était remarquable pour la hauteur aristocratique et la force de son regard. En la voyant, on sentait immédiatement que c'était la descendante d'une centaine de comtes, exactement comme, en voyant Lord Emsworth, on avait l'impression qu'on venait de rencontrer le descendant d'une centaine de cyclistes itinérants. Il portait à ce moment un pantalon rapiécé, une chemise élimée, une veste de chasse trouée aux coudes et des pantoufles. Ceci, bien sûr, en plus du regard d'appréhension qu'il arborait toujours quand il était en présence de cette formidable femme. Depuis leur enfance, elle l'avait toujours dominé, comme elle aurait dominé Napoléon, Attila le Hun et n'importe quel champion de catch poids-lourd.

– Ah, te voilà, Clarence, dit-elle, et ses yeux lui expliquèrent mieux que n'importe quelle parole qu'il avait encore failli à satisfaire son goût fastidieux en matière d'élégance.

Je veux que tu rencontres mon amie Vanessa Polk, qui a été si gentille avec moi, à bord du bateau. Voici mon frère Clarence, Vanessa, poursuivit Lady Constance avec dans la voix cette touche de regret qu'elle avait toujours quand elle le présentait à des visiteurs. Ne m'en veuillez pas, semblait-elle exprimer, ce n'est pas ma faute.

En regardant Vanessa Polk, on imaginait facilement qu'elle était gentille avec les gens, sur des paquebots ou ailleurs, car son amabilité et sa douceur étaient visibles à l'œil nu. Là où Lady Constance avait frémi à la vue de Lord Emsworth, telle une déesse grecque trouvant une chenille dans sa salade, elle lui sourit comme si elle attendait depuis des années de faire sa connaissance. C'était un large et charmant sourire qui lui remonta considérablement le moral. Il sentit, comme tant de gens auxquels Vanessa Polk avait souri, qu'il venait de rencontrer une amie.

– Comment allez-vous ? s'enquit-il avec une cordialité dont il n'eût pas été capable un instant auparavant.

Puis, se rappelant quelque chose, il ajouta :

– Bienvenue au château de Blandings. Demain je vous montrerai ma truie.

Ce n'était pas une proposition qu'il faisait souvent aux visiteuses car l'expérience lui avait appris que l'Impératrice ne convenait pas à leur cervelle vide, mais il voyait qu'il venait d'en trouver une qui méritait ce privilège.

– Aimez-vous les cochons ?

Miss Polk répondit qu'elle n'en avait jamais rencontré de façon suivie mais qu'elle s'était toujours bien entendue avec ceux qui avaient croisé son chemin. Jamais un mot de mauvaise humeur. Était-ce, demanda-t-elle, une espèce spéciale de porc ? Lord Emsworth répondit avec passion par l'affirmative.

– L'Impératrice de Blandings, déclara-t-il fièrement, a gagné la médaille d'argent trois années de suite au Concours des cochons gras de l'Exposition agricole du Shropshire.

– Vous plaisantez !

– Je peux vous montrer les médailles. C'est un exploit inégalé.

– À quoi doit-elle ce succès ?

– À une nourriture soigneusement sélectionnée.

– Je le pensais bien.

– Certains propriétaires de porcs suivent d'autres autorités et, pour ce que j'en sais, admit généreusement Lord Emsworth, peuvent avoir de bons résultats, mais j'ai toujours eu foi en Wolff-Lehman. Selon Wolff-Lehman, le standard de nourriture que doit consommer quotidiennement un porc consiste en cinquante-sept mille calories, quatre livres cinq onces de protéines, vingt-cinq livres d'hydrates de carbone.

– Sans tenir compte, bien sûr, d'un éventuel raid nocturne dans le réfrigérateur ?

– Ces calories consistent en un repas d'orge, un repas de maïs, un repas d'huile de lin et du babeurre. J'ajoute occasionnellement, de ma propre initiative, une banane ou une pomme de terre…

Lady Constance émit une de ces toux courtes, sèches, dures. Elle stoppa Lord Emsworth comme une balle. Ce n'était pas un homme très perspicace, mais il comprenait quand on lui demandait de changer de sujet. C'est ce qu'il fit. À regret, mais avec la docilité d'un frère bien dressé.

– Vraiment Connie, dit-il avec autant de chaleur qu'il put en trouver sur le moment, quelle surprise ! Que tu sois là, je veux dire. C'est surprenant. Tout à fait surprenant.

Cette fois, le son émis par sa sœur n'était pas bronchique comme le précédent, mais ressemblait davantage à celui produit par un pouce humide sur un poêle chaud.

– Je ne vois pas ce qui t'étonne, répliqua-t-elle aigrement. Tu as eu ma lettre où je disais que je prenais le bateau.

Lord Emsworth ne s'était pas étranglé depuis qu'il était entré dans la pièce, mais cela lui arriva alors pour une bonne raison. Il avait la sensation d'avoir été frappé au visage avec un poisson humide. Il avait l'impression coupable d'avoir jeté sans l'ouvrir la communication à laquelle elle faisait référence dans un tiroir de son bureau quelques semaines auparavant. Maintenant qu'il n'avait plus de secrétaire pour l'ennuyer et lui faire observer ses obligations sociales, il n'ouvrait que rarement les lettres qui ne venaient pas de l'Association des éleveurs de porcs du Shropshire, Hertfordshire et Galles du Sud.

– Oh ! Ah ! Oui, bien sûr, certainement. Ta lettre, disant que tu prenais le bateau. Oui. Tout à fait.

– Pour rafraîchir ta mémoire, je disais que je venais passer l'été à Blandings…

Le faible espoir que conservait Lord Emsworth, qu'elle ne faisait que passer, en route pour aller rejoindre Dora ou Charlotte ou Julia dans un de leurs lieux de villégiature continentaux, s'étiola et mourut.

– … et que James me rejoindrait bientôt. Il a été retenu à New York par un important contrat d'affaires.

Les mots « qui est James ? » se formèrent sur les lèvres de Lord Emsworth mais heureusement avant qu'il ne pût les formuler, elle était passée à un autre sujet.

– À qui est ce chapeau ?

Lord Emsworth ne la suivait plus. Elle semblait demander à qui appartenait un chapeau et il trouvait la question énigmatique.

– Chapeau ? balbutia-t-il, déconcerté. Chapeau ? Quand tu dis : chapeau, tu veux dire : chapeau ? Quel chapeau ?

– J'ai remarqué dans le hall un chapeau beaucoup trop bien pour être à toi. Est-ce que quelqu'un habite ici ?

– Oh ! Ah ! Oui, affirma Lord Emsworth en comprenant. Un type… Je ne trouve plus son nom… Gooch, peut-être. Ou Cooper ? Finsbury ? Bateman ? Merryweather ? Non. C'est parti. Frederick l'a envoyé avec une lettre de recommandation. Il reste ici quelques jours. Il a plusieurs chapeaux.

– Oh, je vois. J'ai pensé un moment que ça pouvait être Alaric. Le duc de Dunstable, un vieil ami à moi, expliqua Lady Constance à miss Polk. Je ne le vois pas autant que j'aimerais parce qu'il vit dans le Wiltshire, mais il vient ici aussi souvent qu'il le peut. Encore un peu de xérès, Vanessa ? Non ? Alors, je vais vous montrer votre chambre. Elle est en haut, près de la galerie de portraits, que vous devrez voir dès que vous serez installée. Faites attention aux escaliers. Le chêne poli est plutôt glissant.

3

Lord Emsworth retourna dans la bibliothèque. Il aurait dû se sentir meilleur moral, car il avait vraiment eu de la chance avec la lettre. Connie aurait très bien pu chercher et questionner jusqu'à découvrir l'abominable vérité et, à la pensée du foin qu'elle aurait fait, son sang se figeait. Il avait souvent entendu parler pendant des jours d'offenses bien moins graves. Ses commentaires sur le trombone sur son plastron avaient pris plusieurs milliers de mots, et elle avait semblé penser qu'elle n'avait fait qu'effleurer le sujet. Mais ce qu'elle avait dit à propos de la présence au château du duc de Dunstable l'avait secoué. Cela lui semblait de mauvais augure. L'heure qui l'avait amenée elle pouvait aussi bien se mettre en tête d'amener aussi le duc. Morbide ? Peut-être, mais c'était une possibilité qu'il ne fallait pas méconnaître. Il savait qu'elle avait une affection incompréhensible pour ce type et on ne pouvait imaginer à quelles extrémités cela pouvait mener.

Beaucoup de gens aiment les ducs et ne voient pas d'obstacle à fraterniser avec eux, mais peu de ceux qui connaissaient Alaric, duc de Dunstable, recherchaient sa société, Lord Emsworth moins que tout autre. C'était un homme opiniâtre, arbitraire, autocratique avec une voix forte et déplaisante, des yeux protubérants et une moustache de morse sur laquelle il soufflait sans arrêt, ce qui la faisait sautiller comme un faisan, chose qui avait toujours défavorablement affecté Lord Emsworth. Galahad, avec son don pour les formules à l'emporte-pièce, faisait généralement référence au duc en parlant du Putois et il n'y avait pas de question, pour Lord Emsworth, l'image était parfaite. Aussi se sentait-il mal à l'aise, assis dans sa bibliothèque, son livre porcin sur les genoux. Pour la première fois, à sa connaissance, cette prose superbe ne le passionnait pas. Peut-être la tranquillité et une étude approfondie du texte auraient-elles pu le calmer à la longue, mais à ce moment sa solitude fut envahie et le livre retomba sur le sol. Lady Constance se tenait sur le seuil et un seul coup d'œil suffit à lui faire comprendre que les ennuis redressaient leur tête horrible.

– Eh bien, vraiment, Clarence !

Il se courba sous son regard. Galahad, dans une telle situation, aurait répondu avec défi par un « eh bien, vraiment, quoi ? » mais il manquait de la force de ce grand homme.

– Ce pantalon ! Cette veste ! Ces pantoufles ! Je ne peux pas imaginer ce que Vanessa Polk a pensé de toi. Je suppose qu'elle s'est demandé ce qu'un vagabond faisait dans le salon, et j'ai dû dire : « Voici mon frère, Clarence. » Je n'ai jamais été aussi embarrassée.

Parfois, lors de telles crises, Lord Emsworth réussissait à faire diverger ses pensées vers d'autres sujets de conversation. Il s'y employa de son mieux.

– Polk, dit-il, c'est un nom bizarre, n'est-ce pas ? Je me souviens d'avoir remarqué, quand j'étais en Amérique, pour ton mariage, comme les gens y avaient des noms étranges. Il y avait un Neptune. Et un Sottlemeyer. Et un collègue de Frederick, dans son usine de biscuits pour chiens, s'appelait Bream Rockmetteler. Cela m'a semblé curieux.

– Clarence !

– Non que nous n'ayons des noms remarquables, par ici. Je lisais le *Who's Who*, l'autre jour, et je suis tombé sur un type appelé Lord Orrery et Cork. Je me suis demandé comment m'adresser à lui, si je le rencontrais. L'impulsion naturelle serait de dire : « Comment allez-vous, Lord Orrery ? » mais alors, est-ce qu'il ne se redresserait pas, blessé, en disant : « Et Cork ! » Et il faudrait s'excuser.

– Clarence !

– Ce type, Neptune, au fait, dirigeait une entreprise qui fabrique des chips de pommes de terre, ces curieux petits trucs bombés qu'on mange dans les cocktails. Je l'ai rencontré dans un cocktail où m'avait emmené Frederick justement, nous avons engagé la conversation et il a mentionné que sa compagnie avait fabriqué les chips que nous mangions. J'ai remarqué que le monde était petit et il a été d'accord. « Sûr, a-t-il dit, le monde est bien petit, on ne peut en douter. » Et il a repris des chips. Il a ajouté que la chose formidable, dans le commerce des chips, c'est que personne ne peut en manger juste une, ce qui, bien entendu, est bon pour les ventes. Ce qu'il voulait dire, c'est que, quand on a commencé, on n'arrive pas à trouver la force de volonté de s'arrêter ; il faut continuer, d'abord une chips, puis une autre chips, puis…

– Clarence ! intima Lady Constance. Arrête de babiller !

Il fit ce qu'on lui ordonnait et il y eut un moment de silence, pendant qu'elle choisissait entre les trois remarques acerbes qui lui étaient venues simultanément à l'esprit. Elle balançait toujours quand le téléphone sonna.

S'il avait été seul, Lord Emsworth l'aurait laissé sonner jusqu'à ce qu'il fût fatigué, car ses idées sur le téléphone étaient semblables à celles qu'il avait à l'égard des lettres qui ne venaient pas de l'Association des éleveurs de porcs du Shropshire, Hertfordshire et Galles du Sud, mais Lady Constance, comme toutes les femmes, était incapable de cette attitude digne. Elle se précipita sur l'instrument et il eut enfin la liberté de consacrer ses pensées aux noms et aux chips de pommes de terre. Mais, alors qu'il ne faisait que commencer à y réfléchir, il fut sorti de sa méditation par un seul mot prononcé. Ce mot était « Alaric ! » et il l'immobilisa, de son crâne chauve à la semelle de ses pantoufles sur lesquelles, un moment avant, Lady Constance s'apprêtait à faire des commentaires. Il craignit le pire.

Le pire arriva. Cinq minutes plus tard, Lady Constance revint du téléphone.

– C'était Alaric, annonça-t-elle. Il y a eu un incendie dans sa maison et il vient ici jusqu'à ce que tout soit arrangé. Il dit qu'il veut l'appartement sur le jardin, alors je vais aller m'assurer que tout est bien comme il l'aime. Il arrivera par le premier train, demain matin, avec sa nièce.

Elle quitta la pièce, et Lord Emsworth retomba dans son fauteuil avec l'air d'un personnage de mélodrame victorien auquel le traître annonce que son hypothèque est venue à échéance. Il ne ressentait même pas ce soulagement qui l'envahissait chaque fois qu'une de ses sœurs le débarrassait de sa présence. La pensée du château de Blandings infecté par le duc de Dunstable et sa nièce – probablement, si elle ressemblait à son oncle, une de ces filles dominatrices à la voix de bronze qui le terrifiaient tellement – le laissait aussi mou que la sole de Douvres qu'il avait dégustée au déjeuner.

Il demeura assis là, sans mouvement, plusieurs minutes. Mais, bien que ses membres fussent inertes, son cerveau travaillait à la vitesse qui accompagne souvent l'imminence du péril. Il voyait bien qu'il était en face d'une situation dont il ne pouvait se sortir seul. Il avait besoin d'un allié qui lui donnât un support moral, et il ne mit pas longtemps à réaliser qu'il n'y avait qu'un seul homme pouvant faire l'affaire. Il se dirigea vers le téléphone et appela un numéro à Londres. Après ce qui lui sembla une éternité, une voix aimable parla à l'autre bout du fil.

– Allô ?

– Oh, Galahad, bêla Lord Emsworth. C'est Clarence, Galahad. Une chose terrible vient d'arriver, Galahad. Connie est revenue.

CHAPITRE DEUX

À peu près au moment où Lady Constance montait l'escalier menant à la bibliothèque du château de Blandings, tout impatiente d'affronter son frère Clarence et de lui dire sa façon de penser à propos de son habillement, un élégant petit gentleman avec un monocle cerclé de noir à l'œil gauche payait le taxi qui l'avait ramené de Piccadilly, arrivait devant la porte de Berkeley Mansions, Londres W.1, et montait au quatrième étage où il avait ses pénates. Il se sentait d'excellente humeur après un agréable dîner avec quelques-uns uns de ses nombreux amis, et il escalada les marches en fredonnant une mélodie des music-halls des jours passés.

Trente ans auparavant, il aurait été inhabituel pour Galahad Threepwood de rentrer chez lui aussi tôt, car dans sa jeunesse bohème il passait presque toutes ses nuits au Pélican Club, qui ne terminait ses sessions qu'à l'heure du laitier, une pratique à laquelle il avait toujours prétendu devoir la superbe santé dont il jouissait dans sa maturité.

« C'est vraiment une chose extraordinaire, disait un jour une de ses nièces à un ami, que quelqu'un qui s'est donné autant de bon temps que Gally puisse être aussi terriblement en forme. Partout on voit des hommes qui ont vécu des vies modèles et qui ont l'air d'avoir mille ans, alors que ce bon vieux Gally, qui vit de whisky depuis des siècles, et qui, pour autant que je le sache, n'a pas dormi avant d'avoir cinquante ans, se promène, aussi rose et plein d'allant que jamais. »

Mais un homme tend à ralentir un peu quand les années passent et il n'était pas opposé maintenant à une soirée tranquille à la maison de temps en temps. C'était ce qu'il allait s'offrir ce soir. Le Pélican Club était mort depuis longtemps et sa disparition avait enlevé bien des attraits aux formes énergétiques de vie nocturne.

Ouvrant la porte de son appartement et traversant le petit hall qui menait au salon, il fut surpris de trouver une forme humaine qui y arpentait le sol. Ceci le fit naturellement sursauter mais ne lui donna pas le sentiment de catastrophe imminente qu'il aurait ressenti dans sa jeunesse, quand une forme humaine dans sa demeure n'aurait pu être qu'un créancier ou un huissier. Un moment plus tard, il reconnut son visiteur.

– Ah, hello Johnny, mon garçon. J'ai pensé un instant que tu étais un fantôme que quelqu'un avait engagé pour hanter ma maison. Comment es-tu entré ?

– Le portier m'a ouvert avec son passe.

Gally ne put réprimer un froncement de sourcils. Bien sûr, cela n'avait plus vraiment d'importance, maintenant qu'il était respectable et solvable, mais c'était le principe. Il pensait que les portiers ne devraient pas laisser entrer les gens ; cela allait à l'encontre des règles de la société. Comme on frémit au souvenir d'une vieille blessure, il se souvint de la fois, bien des années auparavant, où sa logeuse avait admis dans son petit nid un bookmaker travaillant sous le nom de l'Honnête Jerry Judson, auquel un manque de fonds lui faisait devoir dix livres depuis la dernière réunion de printemps de Newmarket.

– Je lui ai dit que j'étais ton filleul.

– Je vois. Encore que… Néanmoins… Oh, après tout, ce n'est rien. Toujours ravi de te voir.

Gally avait un grand nombre de filleuls, rejetons de ses vieux copains du Pélican Club. Ils étaient presque tous orphelins, car peu de Pélicans avaient eu l'énergie qui lui avait permis de survivre à la vie trépidante de cette institution. John Halliday, le jeune homme qui lui rendait visite ce soir, était le fils de feu J. D. (l'Endormi) Halliday, un de ceux pour qui le rythme du club s'était avéré trop rapide. Il avait avalé son bulletin de naissance au début de la quarantaine et le cercle de ses intimes avait été extrêmement surpris de le voir durer si longtemps.

Scrutant John à travers son monocle, Gally, comme chaque fois qu'ils se rencontraient, fut impressionné par le peu de ressemblance qu'il présentait avec son pauvre Endormi de père. Ce dernier, un type formidable, mais, ne nous le cachons pas, pas la tasse de thé de tout le monde, avait présenté, comme tant de Pélicans, l'aspect d'un homme souffrant d'une sévère gueule de bois, ayant dormi tout habillé et n'ayant pas pris le temps de se raser ; alors que son fils était net, pimpant, en forme et avait l'allure athlétique. Il avait l'air d'un jeune avocat en pleine ascension qui passerait ses loisirs à jouer au golf ou au squash et ce qui est extraordinaire, c'est que c'est exactement ce qu'il était. Son handicap au golf était de six, son adresse au squash formidable, il était membre du barreau depuis bientôt cinq ans et, bien que n'étant pas encore l'un de ces géants en robe de soie dont les honoraires comportent quatre chiffres, il réussissait plutôt bien.

Durant ce bref dialogue, il avait continué à arpenter la pièce. Passant devant la fenêtre ouverte, il s'arrêta, regarda dehors et poussa un soupir plein d'émotion.

– Quelle nuit ! dit-il. Quelle nuit !

Pour Gally, ce n'était qu'une nuit d'été londonienne ordinaire. Il admettait qu'il ne pleuvait pas, mais n'était pas prêt à aller plus loin.

– Elle me semble normale.

– La lune !

– Il n'y a pas de lune. Tu dois confondre avec les lumières du pub du coin.

– Eh bien, de toute façon, c'est une nuit merveilleuse, et au diable ceux qui disent le contraire.

Pour la première fois, Gally prit conscience de quelque chose d'inhabituel dans les manières de son filleul, une sorte de pétillement, de bouillonnement, comme un percolateur au sommet de sa fièvre. Dans les vieux jours du Pélican, il aurait automatiquement attribué une semblable exubérance au fait que le type avait un coup dans l'aile, ou peut-être deux, mais il savait John aussi abstinent que peut l'être un jeune avocat et se dit qu'il devait chercher l'explication ailleurs.

– Que t'arrive-t-il ? demanda-t-il. Tu sembles particulièrement heureux. Tu as touché un gagnant aujourd'hui ?

– Exactement.

– Il cotait combien ?

– Mille contre un.

– De quoi parles-tu donc ?

– Je n'estimais pas mes chances à plus de mille contre un. Gally, je suis venu te dire que je suis fiancé.

– Quoi ?

– Oui, tu peux commencer à choisir les cadeaux. Le mariage aura lieu bientôt.

On aurait pu s'attendre à ce qu'un vieux célibataire ayant le palmarès de Gally reçût une telle nouvelle de la part d'un filleul dont il avait les intérêts à cœur, avec les lèvres serrées et un hochement de tête, car rien n'attriste plus un aîné bienveillant que la découverte qu'un jeune qu'il apprécie pense à sauter ce pas qui ne peut mener qu'au désastre et à la misère. Cependant Gally, quoique ses sœurs Constance, Dora, Charlotte, Julia et Hermione eussent vigoureusement contesté le terme, était un sentimental. Bien des années auparavant, lui aussi avait aimé. L'objet de son affection, une fille nommée Dolly Henderson, chantait en collants roses dans les music-halls d'Oxford et Tivoli. C'était justement un de ses refrains que Gally fredonnait en rentrant chez lui ce soir-là.

Rien n'était advenu de cet amour, bien sûr. Un père victorien, qui avait assez d'autorité pour deux pères, l'avait embarqué pour l'Afrique du Sud, Dolly avait épousé un garde irlandais, nommé Cotterleigh, et il ne l'avait jamais revue, mais il en avait gardé le souvenir, et cela en faisait un auditeur sympathisant aux récits d'amour. Au lieu, donc, de dire à son filleul de ne pas se conduire comme un imbécile ou de lui demander avec anxiété s'il avait une chance de s'en tirer, il montra le plus grand intérêt et dit :

– C'est bien, Johnny. Raconte-m'en plus. Quand est-ce arrivé ?

– Ce soir. Juste avant que je ne vienne ici.

– Tu es vraiment pincé, on dirait.

– Je sais que c'est difficile à croire, mais c'est vrai.

– Qui est-ce ?

– Elle s'appelle Linda Gilpin.

Gally fronça les sourcils, pensif.

– Gilpin. Je connais un jeune Ricky Gilpin. Le neveu du duc de Dunstable. Une parente ?

– Sa sœur.

– C'est la nièce de Dunstable ?

– Oui.

– As-tu jamais rencontré Dunstable ?

– Non. Je suppose que ça m'arrivera bientôt. De quoi a-t-il l'air ?

– C'est un putois.

– Vraiment ?

– Il a toujours été un putois. Je le connais depuis trente ans. Il a essayé, une fois, de se faire admettre au Pélican, mais il n'avait pas une chance. Le chapeau haut de forme que nous utilisions comme urne débordait de boules noires. Ton père en avait mis plusieurs poignées. Nous avons toujours été très fermes pour refuser les putois, au Pélican.

– Pourquoi est-ce un putois ?

– Je n'en sais rien. Je ne suis pas psychiatre.

– Je veux dire, qu'est-ce qui ne va pas chez lui ? Qu'est-ce qu'il fait ?

– Il ne fait rien en particulier. Il est comme ça. Il aime trop l'argent, d'abord. Quand je l'ai connu, c'était un héritier présomptif, avec une pension assez énorme pour étrangler un cheval, et il s'y accrochait des deux mains. Puis il a épousé une fille qui avait une dot terrible, c'était la fille d'un de ces types du Nord, qui faisait des coupes, des bassines et des trucs. Elle est morte en lui laissant une fortune. Et puis il a hérité du titre, de la terre et de l'argent qui va avec, et maintenant il est deux fois millionnaire. Mais, malgré tout son fric, il ne pense qu'à devenir plus riche. Il ne rate jamais une occasion. Si l'opportunité se présente de courir un mile en escarpin pour soutirer deux pence à quelqu'un, il saute dessus. Je n'arrive pas à comprendre ce que ces types trouvent à l'argent pour se donner tant de peine pour en avoir.

30

– L'argent est toujours utile.

– Mais il ne vaut pas qu'on se donne tout ce mal, ni qu'on s'ennuie à en vouloir toujours plus, quand on en a déjà assez. Dunstable me rend malade. Je commence à me demander si tu dois sauter ce pas, Johnny. Je ne sais pas si ce serait bien sage.

John lui rappela que, bien qu'il parût l'avoir oublié, il n'avait pas l'intention d'épouser le duc de Dunstable, mais seulement une de ses parentes et Gally admit qu'il avait là un bon argument. Cependant il trouvait déplaisant de penser que Johnny passerait sa vie à appeler le duc Oncle Alaric, et Johnny lui répondit que l'amour le rendrait capable de subir cette épreuve avec courage.

– Non que je m'attende à le voir assez souvent pour l'appeler de quelque façon que ce soit.

– Tu le verras au mariage.

– Je serai en transe, au mariage. Je ne le remarquerai même pas.

– Il y a de l'idée, là-dedans, acquiesça Gally. Les mariés ont rarement l'esprit assez clair pour contempler calmement leur entourage quand la situation commence à se développer. Je me rappelle bien ton père quand le curé l'a mis en face de la question. Blanc comme un linge et tremblant de tous ses membres. J'étais son témoin et je suis convaincu que si je n'avais pas été assez près pour le retenir par la queue de son habit, il se serait sauvé comme un lapin.

– Je ne ferai pas ça. Je tremblerai peut-être, mais je resterai là.

– Je l'espère, car rien n'amène une note aigre dans une cérémonie de mariage comme la disparition du fiancé dans un nuage de poussière. Parle-moi de cette jeune fille.

– Ne me tente pas. J'en aurais pour des heures.

– Elle est jolie ?

– Cela la décrit exactement.

– Grande ? Petite ?

– Juste la bonne taille.

– Mince ? Svelte ?

– Oui.

– Yeux ?

– Bleus.

– Cheveux ?

– Bruns. Une sorte d'auburn. Noisette.

– Décide-toi.

– D'accord, noisette, alors, et va te faire pendre !

– Pas la peine de laisser ta passion t'emporter. Il est naturel que je sois intéressé. Je te connais depuis que tu es haut comme ça.

– Je suppose que tu m'as fait sauter sur tes genoux quand j'étais bébé ?

– Je n'aurais jamais fait ça. Tu étais un bébé affreux. Tu ressemblais plus à un œuf poché qu'à autre chose. Bon, d'après ce que tu me dis, elle a l'air très bien. Tu as la bénédiction de ton parrain, si tu en as besoin. Où passerez-vous votre lune de miel ?

– Nous avons pensé à la Jamaïque.

– Un endroit plutôt cher.

– C'est ce que j'ai entendu dire.

– Ce qui me fait penser à quelque chose dont nous devons parler. Comment vont tes finances ? Je sais que ça marche au barreau, mais est-ce que ça suffira pour le mariage ?

– Tout va bien en ce qui concerne l'argent. J'ai un fonds secret. Connais-tu la galerie Bender ?

– Un stand de tir ?

– Une galerie de peinture.

– Jamais entendu parler.

– C'est dans Bond Street. Pas la très grosse affaire, mais elle va bien, et je suis l'un des associés. C'est Joe Bender qui la fait marcher, un type que j'ai connu à Oxford, il a pris la succession de son père à la galerie. Il avait besoin de plus de capital et je venais de faire un héritage d'une de mes tantes, alors je l'ai mis dedans.

– Tout ce que tu avais ?

– La plupart.

– C'est imprudent.

– Pas du tout. Joe est très efficace, lunettes à montures en écailles de tortue et plein d'énergie. Nous allons faire fortune.

– Qui dit ça ?

– Je l'ai lu dans ma boule de cristal. Joe vient de trouver la grosse affaire. Tu as entendu parler de Robichaux ?

– Non.

– Un peintre français. De l'école de Barbizon.

– Et alors ?

– Il est en train de devenir à la mode. C'est ce qui arrive toujours aux artistes français, d'après ce que m'a dit Joe. Ils triment toute leur vie sans arriver à vendre leur camelote et puis ils meurent. Et soudain, il n'y a plus de limite. Il y a eu une époque où tu pouvais acheter un Renoir pour quelques francs et maintenant, si tu veux un Renoir, tu dois vendre les bijoux de famille. C'est ce qui est en train d'arriver avec ce Robichaux. Il y a un an ou deux, personne n'avait entendu parler de lui, mais maintenant, il fait un boom et je peux te dire que Joe a vendu l'autre jour un Robichaux pour une somme qui m'a fait m'étouffer. Je n'aurais pas cru ça possible.

– Tout est possible dans un monde plein d'imbéciles. Et qui était l'acheteur à la cervelle pleine de vent ?

– Je gardais la surprise pour la fin. Nul autre que mon futur oncle par alliance.

Gally ricana, incrédule.

– Dunstable ?

– Oui. Oncle Alaric.

– Je n'y crois pas.

– Pourquoi pas ?

– Dunstable n'a jamais acheté un tableau de sa vie. Une carte postale comique des bords de mer serait plus dans sa ligne.

– Peut-être qu'il l'a pris pour une carte postale comique des bords de mer. En tout cas, il l'a acheté. Tu peux demander à Joe.

– Étonnant. Était-il ivre ?

– N'ayant pas assisté à la vente, je ne peux pas te dire. Je me renseignerai, si tu veux.

– Ne t'en fais pas. Nous supposerons qu'il l'était. Tu me disais qu'il y a un boom sur les œuvres de Robichaux ?

– Je crois que les prix grimpent sans arrêt.

Gally secoua la tête.

– Cela n'explique pas pourquoi Dunstable a fait ça. D'un homme ordinaire, on pourrait penser qu'il a acheté la chose par spéculation, en espérant la revendre avec profit, mais pas ton oncle Alaric. Il ne risquerait pas un sou sans la certitude la plus complète. Non, il faut en revenir à notre théorie originale : il devait être beurré comme un petit Lu. Qui est-ce encore ? s'interrogea Gally en entendant sonner le téléphone.

Il sortit dans le hall et laissa à John le loisir de penser à la fille qu'il aimait. Il lui avait fait une cour longue et prudente, culminant d'une manière imprévue et abrupte par une demande en mariage dans le taxi avec lequel il la ramenait chez elle après un cocktail, et sa surprise ravie quand elle avait accepté sa proposition avait été gâchée par le fait qu'ils n'avaient pas eu le temps de parler bien longtemps. Il attendait avec impatience d'avoir la possibilité d'aller au fond de la question lors de leur prochaine rencontre.

Il songeait à l'infinie supériorité de Linda Gilpin sur toutes les pauvres femelles qu'il avait, par erreur, cru aimer lors de ces quelques dernières années, et remerciait son ange gardien pour ses prestations remarquables qui ne lui avaient pas permis de s'attacher à l'une d'elles, quand Gally revint. Il semblait amusé.

– Voilà une bizarre coïncidence, dit-il. Nous parlions de Dunstable et c'était mon frère Clarence qui appelait pour me parler de Dunstable aussi. L'enfer semble s'être déchaîné à Blandings. Ma sœur Connie rapplique d'Amérique avec une copine, ce qui suffirait à faire trembler Clarence sur ses bases, et, là-dessus, Dunstable arrive avec sa nièce par le premier train demain matin. Pas étonnant qu'il se sente comme la Dame de Shalott quand la malédiction lui est tombée dessus. Connie et amie, c'était déjà mauvais, mais ajoutez-y Dunstable et nièce, et il trouve que, vraiment, le mélange est trop riche. Nièce, ajouta Gally, serait-ce ta dulcinée, ou en a-t-il plusieurs ?

Ses paroles avaient sidéré John. Il savait que le duc n'avait qu'une parente de cette sorte. Il dit qu'il ne comprenait pas.

– Qu'est-ce qui t'intrigue ?

– Linda ne m'a pas dit qu'elle allait à Blandings.

– Quand était-ce ?

– Dans le taxi, quand je lui ai demandé de m'épouser.

– Elle n'en savait sans doute rien. Dunstable doit lui avoir annoncé quand elle est rentrée.

– Nous devions déjeuner ensemble demain.

– Tu n'allais pas la voir plus tôt que ça ? Une matinée complète perdue ?

– Je dois passer toute la matinée au tribunal. Une fichue histoire d'accident de voiture.

– Oh ? Eh bien, je suis désolé, mais je crains que ton déjeuner ne soit remis. Et le mien aussi. L'appel au secours d'un frère ne peut être ignoré, conclut Gally. Je pars pour le château de Blandings dès le matin.

CHAPITRE TROIS

1

Pour aller de Londres à Market Blandings, qui est la gare où l'on descend pour se rendre au château de Blandings, le voyageur part de Paddington et, à 11 h 12 le matin suivant, Gally, fumant une cigarette sur le quai, à l'extérieur de son compartiment en attendant 11 h 18 pour commencer son voyage, regardait autour de lui avec l'approbation qu'il avait toujours eue envers cette gare. Il aimait son calme raffiné, si différent du brouhaha et du remue-ménage de celles de Liverpool Street ou de Waterloo. Ici régnait une paix claustrale. Les trains soufflaient leur vapeur sur un ton tranquille. Les porteurs s'affairaient à leur devoir avec la réserve de jeunes ministres du Cabinet. Les chefs de gare, quand ils se laissaient aller à siffler, sifflaient avec douceur. Et même l'épagneul occasionnel, en chemin pour sa demeure du Worcestershire ou du Shropshire, remettait ses aboiements à des temps plus propices, comme s'il savait instinctivement qu'élever la voix dans cet environnement serait d'une mauvaise éducation.

Mais, malgré tout, il arrivait qu'un serpent pénétrât dans ce jardin d'éden des gentlemen. L'un d'entre eux venait le long du quai à ce moment, un homme grand et fort, à la moustache de morse, portant sous son bras un paquet enveloppé de papier brun. Il repoussait de la main, comme des mouches, de petits groupes d'hommes cultivés, qu'on pouvait confondre avec des bassets et des femmes en tailleur qui ressemblaient à des chevaux, et à sa vue, Gally plongea hâtivement dans son compartiment et tenta de se dissimuler derrière le journal du matin. Ce fut en vain. On n'échappait pas si facilement à Alaric, duc de Dunstable.

– Je pensais bien que c'était vous, Threepwood, déclara le duc en s'asseyant. Il doit bien y avoir deux ans que nous ne nous étions pas rencontrés.

– Deux merveilleuses années.

– Hein ?

– Je disais combien c'était merveilleux de vous revoir.

– Ah.

– Clarence m'a dit qu'il y avait eu un incendie, chez vous.

– Oui. Des fils ont fondu.

– Alors, vous venez à Blandings.

– Je n'ai jamais pu vivre à Londres.

– C'était un méchant incendie ?

– Toute la maison sent le brûlé. J'ai mis les voiles.

– Et Connie est venue au secours du pauvre sans-abri.

– Hein ?

– Elle vous a invité à Blandings.

Le duc renifla un peu. C'était comme si sa fierté avait été atteinte.

– Bon Dieu, elle ne m'a pas invité. J'ai appelé la nuit dernière et j'ai dit que j'arrivais.

– Je vois.

– J'ai été surpris de la trouver là. Je m'attendais à ce qu'Emsworth réponde au téléphone. Savez-vous ce qui l'a amenée à quitter l'Amérique ?

– Je n'en ai aucune idée.

– Un caprice soudain, je suppose. Dans une semaine, elle en aura un autre et elle repartira. Les femmes sont toutes timbrées. Elles changent d'avis d'un jour à l'autre. Qu'est-ce qui vous amène à Blandings ?

– Clarence avait envie de ma compagnie.

– Pourquoi ?

– Qui peut le dire ? Un caprice soudain, ne croyez-vous pas ?

– Ça se pourrait. Est-il toujours cinglé de son cochon ?

– Il cultive beaucoup sa société, je crois.

– Beaucoup trop gras, ce cochon.

– Clarence est d'un autre avis.

– C'est parce qu'il est aussi timbré que Connie. Plus timbré. En fait, tout le monde est timbré, ces temps-ci. Regardez Connie, qui part vivre en Amérique avec un homme qui a une tête comme un oignon espagnol. Regardez mes deux neveux, mariés à des filles que je ne les aurais même pas autorisés à siffler si j'avais eu mon mot à dire. Et regardez ma nièce. Elle est rentrée à l'hôtel, la nuit dernière, en dansant et en fredonnant. Et elle n'a pas voulu me dire ce qu'elle avait. Complètement timbrée.

Gally aurait pu, bien entendu, éclaircir le mystère de la nièce fredonnante, mais il sentait que, si elle avait été elle-même si réticente, ce n'était pas à lui de parler. Il permit qu'un soupçon d'instabilité mentale continuât de peser sur elle.

– Où est cette nièce déséquilibrée ? Clarence a dit qu'elle venait avec vous. Pas malade, j'espère.

– Non, elle va très bien, sauf qu'elle danse et qu'elle fredonne. Elle doit paraître au tribunal aujourd'hui. Elle témoigne dans une affaire qui se juge ce matin. Elle viendra plus tard. Vous y connaissez-vous en peinture ? demanda le duc fatigué du sujet des nièces et changeant la conversation avec sa brusquerie coutumière.

– Pas beaucoup. Il paraît que vous en avez acheté une.

– Qui vous a dit ça ?

– Une source généralement bien informée.

– Eh bien, c'est vrai. C'est ce qu'on appelle un nu étendu. Vous connaissez ce genre de chose. Une fille sans aucun vêtement, couchée sur un banc de mousse. Par un quelconque Français. Je l'ai acheté dans une galerie d'art.

– Je suppose qu'ils vous ont expliqué que c'était un monument à l'atteinte de l'homme à l'inatteignabilité et le travail d'un maître qui a trempé son pinceau dans l'immortalité.

– Hein ?

– Laissez tomber. Je parodiais seulement la façon dont s'expriment les marchands de tableaux quand un gogo entre dans leur magasin.

La moustache du duc s'éleva. Ses manières montraient son ressentiment.

– Pensez-vous que je sois un gogo ? Alors, vous avez tort. Voulez-vous savoir pourquoi j'ai acheté ce nu étendu ? Connaissez-vous un type appelé Trout ? Wilbur J. Trout ?

– Je n'ai pas ce plaisir. Quel rapport ?

– C'est un Américain. Ce que les Yankees appellent un play-boy. Il est à Londres et je suis tombé dessus à mon club. Il avait une carte d'invité. Nous avons lié conversation et il m'a dit qu'il aimait sa femme. Cinglé, bien sûr.

– Qu'est-ce qui vous fait dire ça ?

– Eh bien, est-ce qu'un type dirait à un autre qu'il aime sa femme s'il ne l'était pas ?

– Il pourrait, si l'autre type a votre charme.

– C'est vrai. Oui, il y a quelque chose là-dedans.

– Vos manières sont si attrayantes. Elles attirent les confidences.

– Je le suppose. Oui, je vois ce que vous voulez dire. Bon, en tout cas, comme je vous le disais, il m'a raconté qu'il aimait sa femme. C'est sa troisième femme. Ou a-t-il dit la quatrième ? Peu importe, c'est sans intérêt. L'histoire est qu'ils viennent de divorcer mais qu'il l'aime encore. Il a dit qu'il brûlait encore pour elle, ce qui m'a semblé un peu spécial, comme expression, mais c'est ce qu'il a dit. Il pleurait dans son cocktail en parlant et ça semblait bizarre aussi, parce que c'était un grand type, fort comme un bœuf, qu'on aurait pensé au-dessus de ces choses. Il m'a dit qu'il avait été footballeur, il jouait pour Harvard ou Yale ou un de ces endroits. Des cheveux couleur gingembre, un nez cassé que, je pense, il a attrapé au football, à moins qu'il ne le doive à l'une de ses femmes, il a hérité des millions de son père, qui était un grand homme d'affaire en Californie.

Gally s'agitait, mal à l'aise sur son siège. Il avait toujours été meilleur narrateur qu'auditeur et il lui semblait que son compagnon mettait bien longtemps à en venir au but, en supposant qu'il y avait un but où il voulait arriver.

– Tout ça, dit-il, serait très utile si vous vouliez écrire une biographie de Wilbur Trout, ou si vous vouliez faire un film sur sa vie, mais quel rapport cela a-t-il avec le nu étendu et vos achats en matière d'art ?

– J'y viens.

– Bon. Alors, venez-y aussi vite que vous pouvez.

– Où en étais-je ?

– Vous disiez qu'il aimait sa femme.

– C'est ça. Et puis, il a ajouté quelque chose qui m'a passionné.

– Comme moi. Je ne peux pas attendre que vous me le disiez. Je parie qu'il s'est avéré que c'était le valet de chambre qui avait fait le coup.

– Que voulez-vous dire, le valet de chambre ? Quel valet de chambre ? Je n'ai jamais parlé d'un valet de chambre.

– N'y pensez plus. Qu'a-t-il dit pour vous intéresser autant ?

– Il a dit qu'il avait vu un portrait dans la vitrine de cette galerie de tableaux et que c'était l'image même de sa troisième femme, celle pour laquelle il brûlait toujours. Et quand il m'a dit qu'il allait l'acheter parce qu'il la lui rappelait, peu importe ce que ça coûterait, je me suis naturellement dit : « Oh Oh ! »

– Pourquoi vous êtes-vous dit ça ?

– Parce que j'ai vu que je pouvais me faire un petit profit. Dix minutes plus tard, j'étais à la galerie et j'achetais la chose, certain de pouvoir la lui revendre le double de ce que je l'avais payée, ce qui, laissez-moi vous le dire, était plutôt cher. C'est un crime, les tarifs de ces galeries. Enfin, je vais m'y retrouver, avec bénéfice.

– Vous cherchiez à faire un investissement ?

– Exactement. Le profit devrait être substantiel. Alors, ne me prenez plus pour un gogo. Vous voulez voir cette horreur ? Je l'ai dans ce paquet. Après tout, non, reprit le duc, changeant d'avis. Trop d'embarras de défaire la ficelle pour la renouer après. Et je suis fatigué. Je n'ai pas dormi la nuit dernière, à me demander ce qui arrivait à ma nièce. Elle dansait, elle avait les yeux écarquillés. Son allure ne me dit rien qui vaille.

2

Les voyages en train n'ennuyaient jamais Gally sauf s'ils impliquaient de longues conversations avec un compagnon antipathique et il passa le temps très agréablement avec ses pensées. Néanmoins, il fut heureux quand il put éveiller le duc, qui était tombé dans une sorte de coma, pour l'informer que, dans cinq minutes, ils arriveraient à Market Blandings.

La première personne qu'il vit sur le quai fut son frère Clarence, la seconde sa sœur Constance. Son sourire de bienvenue, adressé au duc qui descendait, s'évanouit, comme effacé par une éponge, quand elle vit ce qui sortait du train derrière lui. Son attitude envers Gally avait toujours été sévère. Quelle que soit la popularité dont il jouissait dans les cercles qu'il fréquentait, il était, pour elle comme pour ses autres sœurs, une tache sur le blason d'une noble famille, quelque chose qu'on préférait ignorer et oublier. Pendant des années, elle avait été hantée par la crainte qu'il n'écrivît ses mémoires et, bien que cette menace eût disparu, elle avait encore tendance à frémir quand elle le voyait. Elle n'aimait ni sa présence, ni sa conversation, ni son monocle. Elle pensait quelquefois qu'elle aurait presque pu le supporter s'il n'avait pas arboré ce monocle.

Un certain froid marqua donc les retrouvailles sur le quai de la gare de Market Blandings et ce fut avec soulagement que Lord Emsworth, qui craignait que sa responsabilité dans la venue de Gally ne fût découverte, vit le duc s'éloigner pour aller veiller sur ses bagages, qu'il transportait toujours en quantité considérable.

– C'est gentil à toi d'être venu si vite, Galahad, dit-il. J'avais peur que tu n'aies d'autres engagements.

– Mon cher Clarence ! Comme si un engagement, même un autre, aurait pu m'empêcher de répondre à un appel au secours comme le tien. Tu as été bien avisé de me demander de venir. Même un homme fort aurait été secoué de voir Connie apparaître soudain, comme le diable sort d'une trappe dans une pantomime.

– C'est vrai.

– Et le choc d'apprendre que Dunstable allait venir a dû être encore pire. Mais nous devrions, en nous épaulant l'un l'autre, arriver à nous arranger de Dunstable. Il suffit d'être fermes. Et l'amie de Connie ?

– Oh, elle est charmante. Je l'aime beaucoup.

– Eh bien, voilà déjà quelque chose.

– Elle comprend les cochons. Rien qu'elle ait dit, en fait, mais j'ai bien vu qu'elle avait la bonne attitude quand je lui ai parlé du régime nutritionnel de l'Impératrice.

– Comment s'appelle-t-elle ?

– J'ai oublié.

– Bon, je le découvrirai sans doute quand il plaira à Dieu. Tu as dit quelque chose à propos d'un jeune type que Freddie t'a envoyé avec une lettre de recommandation. Quel est son nom, à lui ?

– Je ne me rappelle pas.

– Tu n'as vraiment pas besoin de t'engager dans la Légion étrangère, là où vont les hommes qui veulent oublier, Clarence. Tu le fais très bien sans quitter le château de Blandings. De quoi a-t-il l'air ? Un gentil garçon ?

– Non, je ne dirais pas ça. Il essaie sans arrêt de me vendre des puits de pétrole. La méthode américaine, je suppose, mais c'est embarrassant de toujours devoir refuser, alors j'ai dit à Beach que je prendrais mes repas dans la bibliothèque. Bien sûr, c'est une tâche bien plus simple de l'éviter entre les repas.

– Un jeu d'enfant pour quelqu'un qui a passé des années à éviter Connie.

– Beach m'a dit qu'il était parti pour Londres hier.

– Mais il va revenir.

– J'en ai peur.

– En fait, je ne serais pas étonné que ce soit lui que je vois s'approcher de nous. Non, pas là, dans l'autre direction, légèrement sur ta gauche.

– Oui, c'est monsieur… Euh…

– Appelle-le X, suggéra Gally.

Howard Chesney était un jeune homme élancé, de taille moyenne, extrêmement décoratif, dans son costume de flanelle bien coupé, avec son chapeau aussi beau que celui que Lady Constance avait admiré dans le hall la veille au soir. La seule critique qu'un puriste aurait pu lui faire était d'avoir les yeux un peu trop inquiets et un peu trop rapprochés.

Sachant quelle difficulté aurait Lord Emsworth à lui présenter un homme dont il avait oublié le nom, Gally prit sur lui d'entamer la conversation.

– Bon après-midi, dit-il. Je suis le frère de Lord Emsworth. Mon nom est Threepwood. J'ai entendu dire que vous étiez un ami de mon neveu Freddie. Comment allait-il quand vous l'avez quitté ?

– Oh, très bien.

– Il vendait toujours des biscuits pour chien ?

– Oh, bien sûr.

– Splendide. C'est comme ça qu'on aime le voir. Mon frère me dit que vous et lui vous êtes bien amusés ensemble, ces derniers jours.

Ce n'était pas vraiment de cette façon qu'Howard Chesney aurait décrit ses relations avec Lord Emsworth, mais il ne releva pas la phrase et se mit à chanter les louanges du château de Blandings et des nombreuses attractions qu'il offrait. Il eut aussi quelques mots pour les beautés de la campagne du Shropshire. Il dit qu'il était allé à la gare à pied, hier, et qu'il se préparait à rentrer à pied aujourd'hui.

– C'est, acquiesça Gally, une excellente idée, à tous les égards, car avec Clarence et moi et ma sœur Connie et le duc… C'est ma sœur, là-bas, et l'objet conséquent qui l'accompagne est le duc de Dunstable… Nous serions un peu écrasés si nous montions tous dans la voiture. Le duc prend beaucoup de place et Clarence a une façon d'étendre ses jambes qui fait penser aux tentacules d'une pieuvre. Vous serez mieux à chanter des chansons gitanes en marchant le long de la route. Comme tu as eu raison, Clarence, dit Gally quand Howard se fut éloigné, de ne pas investir dans les puits de pétrole patronnés par ce jeune homme. Je n'ai rien de précis contre lui, mais ses yeux sont si rapprochés… quelques-uns de mes meilleurs amis ont les yeux rapprochés… mais, si j'ai jamais vu un ancien tôlard, et dans le cours de ma longue vie, j'en ai connu des douzaines, celui-là en est bien un. Où Frederick a-t-il bien pu aller le pêcher ?

3

Au château, Beach était à l'office, buvant son porto du soir, et, à le voir, on aurait pensé : voilà un majordome avec l'âme en repos et sans aucune pensée inquiétante dans l'esprit. On aurait fait une grossière erreur. Son âme n'était pas en repos. Il eût peut-être été excessif de dire que des vautours rongeaient son ample poitrine, mais il était loin d'être sans inquiétude. Sensible à l'atmosphère, il trouvait celle qui régnait au château de Blandings pénible pour le système nerveux. Il lui semblait qu'avec le retour de Lady Constance, une ombre s'était abattue sur la maison qu'il aimait. Il n'avait pas manqué de remarquer la réaction de Sa Seigneurie à l'annonce de son arrivée et il prévoyait des temps difficiles. Si seulement, pensait-il, monsieur Galahad avait pu être ici pour prêter aide et assistance à son employeur en détresse. Au moment où il formulait cette pensée, la porte s'ouvrit et Gally entra.

Dire qu'il sauta de son siège serait une exagération. Des hommes bâtis comme Beach ne sautent pas de leur siège. Cependant, il se dressa lentement, comme un hippopotame émergeant au bord d'une rivière, avec la même émotion que celle d'une garnison assiégée qui voit arriver les Marines des États-Unis.

– Monsieur Galahad !

– Pourquoi pas ? Il faut bien que quelqu'un le soit. Beach, vous avez devant vous un bison à la recherche d'un point d'eau, avec la langue noircie et pendante.

– Je vais bientôt apporter le thé au salon, monsieur Galahad.

– Le thé ne me vaut rien. Je veux du porto. Et en aucun cas je n'irai au salon. Il est plein de la lie de la société. En fait, l'un de mes buts en venant à l'office, est de discuter avec vous de cette lie et d'avoir votre opinion sur eux tous.

Beach retroussa un peu les lèvres en sortant un second verre et en se préparant à jouer les hôtes. Il comprenait que son invité avait l'intention de parler franchement des habitants du château, et il savait que son devoir était de désapprouver. Mais, bien que ses lèvres fussent retroussées, il y avait une lueur dans ses yeux. Comme majordome, il déplorait l'habitude de monsieur Galahad de faire des commérages avec le personnel domestique, mais comme homme, il aimait ça, tout simplement.

– D'abord, que pensez-vous de ce Chesney ? demanda Gally.

C'était un sujet sur lequel Beach avait une opinion précise. Sa réponse fut sévère.

– Il n'est pas ce à quoi je suis habitué, monsieur Galahad.

– Et pourtant, vous avez vu des spécimens plutôt bizarres, dans votre temps.

– En effet, monsieur.

– Vous vous souvenez de ce type qui voulait de la confiture avec son poisson ?

– D'une manière très vivace, monsieur.

– Et celui qui mettait de l'eau dans son bordeaux ?

– S'il vous plaît, monsieur Galahad, j'essaie de l'oublier.

– Je n'ai pas encore observé Chesney à table, mais j'imagine qu'il n'atteint pas ces abominations extrêmes. Mais je comprends ce que vous entendez quand vous dites qu'il n'est pas ce à quoi vous êtes habitué. C'est manifestement un escroc.

– Vraiment, monsieur Galahad ?

– Il n'y a pas l'ombre d'un doute. Je les renifle à un mile.

– Il semble étrange qu'il puisse être un ami de monsieur Frederick.

– Je ne pense pas qu'il le soit. Sans doute juste une connaissance de hasard qu'il a ramassée dans un bar. Freddie n'a pas compris ce qu'il était et il donnerait une lettre d'introduction à toute personne qui lui en demanderait une.

– Mais, qu'est-ce…

-… qui me fait penser que c'est un escroc ? Il a essayé de vendre des puits de pétrole à Clarence. Et, même si on peut arguer que c'est exactement ce que faisait John D. Rockefeller quand il rencontrait quelqu'un, je trouve que ça suffit à le condamner. Soyez très prudent avec Chesney, Beach.

– Je le serai, monsieur.

– Maintenant, venons-en à Sa Grâce le duc de Dunstable. Là, nous pouvons commencer à frémir. Vous serez d'accord avec moi, je pense, pour dire que sa présence rabaisserait le niveau d'une réunion de bookmakers ?

Bien que ces paroles fussent une douce musique aux oreilles de Beach, car le duc n'était pas un de ses favoris, l'étiquette demandait qu'il protestât doucement.

– Vraiment, monsieur, ce n'est pas à moi d'exprimer une opinion dérogatoire sur les hôtes que Sa Seigneurie trouve bon d'inviter au…

– D'accord, je comprends votre point de vue. Mais vous avez beau ne pas vouloir tomber le masque, vous savez, au fond de votre cœur, qu'il est absolument dépourvu de tout ce qui élève l'Homme Immortel au-dessus du niveau de la Bête Périssable. C'est un fripon à en finir avec tous les fripons.

– Monsieur ?

– Regardez ce qu'il fait à ce pauvre Trout.

– Je crains de ne pas vous suivre, monsieur Galahad.

– C'est parce que vous n'étiez pas là quand il m'a raconté son histoire dans le train. Il paraît qu'il y a un pauvre innocent d'Américain nommé Wilbur Trout, dont la seule faute est de se marier un peu trop souvent, ce qui est le genre de chose qui peut arriver à n'importe qui. Le roi Salomon, par exemple, avait cette tendance. Bon. Trout voit, dans une vitrine, un tableau qui est le portrait craché de sa dernière femme, celle dont il vient de divorcer, mais qu'il aime toujours. Il pense acheter la peinture, pour se souvenir d'elle, mais il est assez idiot pour le dire à Dunstable avec, pour résultat, bien sûr, que Dunstable l'a achetée avant lui pour pouvoir la lui revendre à un prix exorbitant. Il sait que Trout veut tellement ce truc qu'il donnera ce qu'on lui demandera, même la moitié de son royaume. Que pensez-vous de ça, en fait de magouille et d'escroquerie, Beach ?

– Tut, tut.

– Vous pouvez bien dire « tut, tut ». Je ne vous blâmerais pas si vous disiez corbleu ! Voilà Sa Grâce Dunstable en résumé et il n'est pas agréable de penser que nous allons l'avoir avec nous pendant des jours et des jours, proba-blement des semaines et des semaines. On se demande comment Clarence pourra le supporter, surtout si Constance l'oblige à s'habiller chaque soir pour le dîner. C'est ce qu'elle fait, n'est-ce pas ?

– Je le crains, monsieur Galahad.

– Et il déteste ça, encore plus que de mettre un haut-de-forme pour le banquet de l'école. Eh bien, il ne nous reste plus qu'à espérer que sa forme fragile ne va pas craquer sous le stress. Et maintenant, Beach, avec tous mes remer-ciements pour votre hospitalité, je dois vous quitter. Le voyage en train, comme toujours, me fait ressembler à une piste cendrée et j'ai besoin de plonger immédiatement dans les eaux de ma baignoire. Nous nous reverrons sur le champ de bataille.

CHAPITRE QUATRE

1

Deux jours passèrent avant l'arrivée de Linda Gilpin. Elle vint en voiture, tard dans la soirée, et alla se coucher immédiatement, fatiguée par son long voyage. Après le breakfast, le matin suivant, Gally, voulant naturellement lui parler en confidence, l'emmena voir l'allée des ifs qui était l'une des attractions du domaine et obtenait souvent des commentaires flatteurs de publications telles que *Jardins britanniques* ou *Le Vieux Monde d'Angleterre*. Le bref aperçu qu'il avait eu d'elle l'avait favorablement impressionné. Elle était, comme l'avait dit John, svelte, juste de la bonne taille, bleue de regard, couronnée de cheveux couleur noisette et tellement différente de son oncle le duc de Dunstable que cela lui fit du bien de la regarder. Une fille, en bref, avec laquelle n'importe quel parrain aurait été heureux de voir bientôt son filleul partir en lune de miel à la Jamaïque. Il eut du mal à attendre de faire plus ample connaissance.

Le duc et Lady Constance étaient dans la galerie des portraits. La veille, le nu étendu de ce dernier y avait été accroché et Lady Constance le contemplait sans aucun plaisir. C'était une femme qui, bien que ne connaissant pas grand-chose à l'art, savait ce qu'elle aimait, et les tableaux qu'elle aimait avaient des sujets un peu plus vêtus. Une fille sans rien sur elle, à part un voile tout à fait inadéquat de tissu transparent, dit-elle au duc, n'avait pas sa place en compagnie de ses ancêtres ; et le duc, vexé, répliqua que ses ancêtres étaient une telle collection d'abominables guignols qu'il était charitable de donner au spectateur quelque chose pour distraire d'eux son attention. Dans un envol métaphorique dont peu de gens l'auraient cru capable, il compara la galerie des portraits du château de Blandings à la Chambre des horreurs de chez Madame Tussauds. La critique offensa Lady Constance, bien que quelqu'un de moins susceptible eût facilement admis que certains des comtes d'Emsworth, notamment les troisième, cinquième et septième, avaient été inconsidérés de faire peindre leur portrait, mais elle retint la réponse aigre qui lui vint aux lèvres. Le duc, quand on lui répondait aigrement, était rapide à s'offusquer et elle avait à lui dire quelque chose qui requerrait de l'amabilité de sa part, ou au moins ce qu'on pouvait attendre de lui en fait d'amabilité.

Elle voulait l'entreprendre une fois de plus sur le sujet du mariage. Il était veuf depuis de nombreuses années et, depuis son heureuse union avec James Schoonmaker, elle sentait encore plus fortement qu'il fallait remédier à cet état de choses. Elle croyait fermement que l'influence d'une épouse est bonne pour un homme, et elle était certaine que le duc avait besoin de la meilleure influence que l'on pût trouver. Quelqu'un qui améliorât ses manières, ses habitudes et sa façon de voir la vie était, d'après elle, ce qu'il fallait lui trouver le plus vite possible.

Elle avait souvent abordé le sujet avec lui auparavant, mais seulement d'une façon vague, générale. Maintenant qu'elle avait rencontré Vanessa Polk, et qu'elle les avait réunis à Blandings, il lui semblait que le temps était venu d'être plus spécifique ; de commencer, bien qu'elle n'eût jamais employé une telle expression, à battre le fer pendant qu'il était chaud. Elle aborda doucement son sujet.

– Comme les Américaines sont charmantes, commença-t-elle. Si jolies, si chic, si bien habillées.

Le duc vit qu'elle n'avait rien compris. Il fallait s'attendre à cela de la part d'une femme, bien sûr. Dans le sexe auquel elle appartenait, la stupidité d'esprit allait de soi.

– Elle n'est pas américaine. Le type qui a peint ça était français, alors elle doit avoir été française aussi. Il est évident qu'un peintre français avait un modèle français. Elle s'appelait sans doute Gaby ou Brigitte ou Mimi ou quelque chose. Et si vous trouvez qu'elle est bien habillée, vous êtes timbrée. Elle est nue comme un ver.

Lady Constance se mordit les lèvres et ne put parler pendant un moment. La pensée peu charitable lui traversa l'esprit que, parfois, Alaric était exactement semblable à son frère Clarence.

– Je ne parlais pas de la femme sur ce tableau, dit-elle froidement, je pensais à…

– Ne vous rappelle-t-elle pas quelqu'un ? poursuivit le duc.

Quand il laissait son interlocuteur finir une phrase, ce n'était que par inadvertance.

– Je vous demande ça parce qu'un type que je connais, un Américain appelé Trout, affirme qu'elle est le portrait de sa troisième femme, alors qu'Emsworth prétend qu'elle ressemble énormément à son cochon.

– Je pensais…

– Il dit qu'il y a quelque chose dans l'expression des yeux et dans la façon dont elle est couchée. Il dit qu'il a vu son cochon couché comme ça une centaine de fois. En fait, chaque fois qu'il a fait un repas un peu lourd.

– Ce que je voulais dire…

– Et, bizarrement, je note une ressemblance avec la femme de notre curé, dans le Wiltshire. Seulement de visage, bien entendu, car je ne l'ai jamais vue nue sur un banc de mousse. Je ne pense pas que le curé la laisserait…

– Si vous vouliez bien m'écouter, Alaric…

– Au fait, je ne sais pas si je vous l'ai déjà dit, j'ai invité Trout ici. J'ai pensé que c'était une chose à faire. Sa femme a divorcé, mais il brûle encore pour elle, alors, naturellement, plus il voit cette peinture qui la lui rappelle, plus elle lui plaît. Il arrive cet après-midi.

Si Lady Constance avait conversé avec Lord Emsworth et que celui-ci lui avait annoncé qu'il avait invité au château de Blandings un Américain nommé Trout, ce qui s'en serait suivi aurait ressemblé au tremblement de terre de San Francisco. Mais, fidèle à sa politique consistant à garder le duc de bonne humeur, elle permit seulement à ses paroles de refléter une légère trace d'ennui.

– J'aimerais bien que vous n'invitiez pas des gens chez moi, Alaric.

Le duc, en homme à la tête froide, comprit immédiatement l'absurdité de ce propos. Une fois de plus, il fut frappé par l'incapacité des femmes à raisonner. Cela devait, pensa-t-il, avoir quelque chose à voir avec la structure de leur boîte crânienne.

– Comment diable viendraient-ils, si on ne les invitait pas ?

Lady Constance aurait pu répliquer qu'elle connaissait des hommes qui s'invitaient tout seuls, mais elle se contenta de pousser un soupir.

– Qui est ce Trout ?

– Vous n'écoutez pas ? Je viens de vous le dire. Un Yankee. Je l'ai rencontré à mon club. Nous avons bavardé et il m'a parlé de sa femme. Pas le mauvais cheval. Timbré, bien sûr.

– Pourquoi dites-vous ça ?

– Il a épousé des tas de femmes. Pour autant que j'aie pu comprendre, il fait ça à toute heure du jour. Vous souvenez-vous de la chanson du Cœur d'artichaut, dans une comédie, à la Gaieté ?

On m'appelle Cœur d'artichaut,
Si tu n'es pas content d'ton lot,
Tu peux repiquer dans le pot,
C'est l'refrain du cœur d'artichaut.

Voilà exactement Trout.

– Il doit être charmant.

– Il l'est. Tout le temps bourré, j'imagine. En tout cas, il l'était quand je l'ai rencontré. Il pleurait dans son cocktail et il m'a parlé de sa femme. C'était sa troisième femme, à moins qu'il n'ait dit sa quatrième. Il se marie pour un oui pour un non. Drôle de passe-temps, mais chacun ses goûts, je suppose qu'il aime ça.

Il venait de donner à Lady Constance la transition dont elle avait besoin. Repoussant pour l'instant la pensée plutôt inquiétante qu'en tant que châtelaine de Blandings, elle allait recevoir, pour une durée indéterminée, un alcoolique mentalement dérangé, elle dit :

– Ne pensez-vous pas qu'il serait temps de vous remarier, Alaric ?

Un ricanement exaspéré éclata comme une corne de brume dans la galerie des portraits.

– C'est ce que vous me chantez chaque fois que je vous vois. Vous me cassez les pieds ! Qui voulez-vous que j'épouse, cette fois ?

– Vanessa Polk.

– Cette Américaine que vous avez amenée ? Qui est-elle ? Une de vos amies de New York ?

– Non. Je l'ai rencontrée sur le bateau. J'avais une crise de névralgie et elle a été très bonne pour moi. J'ai été obligée de passer deux jours couchée, alors elle est venue s'asseoir près de mon lit pour me veiller.

– Sans doute pour vous taper.

– Ne soyez pas ridicule.

– Elle n'a pas essayé de vous emprunter de l'argent ?

– Bien sûr que non. Elle est plus riche que moi. Son père l'est, en tout cas.

– Comment savez-vous ça ?

– Elle me l'a dit. C'est la fille de J. B. Polk. Vous devez avoir entendu parler de J. B. Polk.

– Il me semble connaître ce nom.

– Bien entendu ! C'est un empereur de la finance. Il contrôle toutes sortes d'affaires… Des banques, des chemins de fer, des mines, tout.

– Vraiment ? fit le duc.

– Personne ne dirait que James est pauvre, mais il ne se sent pas bien riche quand il se compare à J. B. Polk. Et sa tension artérielle est très forte.

– James ?

– Non. Polk. Il peut mourir d'apoplexie d'un moment à l'autre. Vanessa deviendra l'une des femmes les plus fortunées d'Amérique.

– Vraiment ? répéta pensivement le duc. Vraiment ?

La lueur qui apparut dans ses yeux protubérants n'échappa pas à Lady Constance, pas plus qu'elle ne la surprit. Elle s'était attendue à ce que ses paroles créassent une puissante réaction. Aussi révoltant que cela lui eût paru d'avoir des idées identiques à celles de son frère Galahad, leurs opinions au sujet de l'amour du duc pour l'argent étaient identiques. Elle avait pris conscience de son appétit pour les biens de ce monde vingt ans plus tôt, quand il l'avait informée que leurs fiançailles étaient rompues parce qu'il n'avait pu s'entendre avec son père en matière de dot, et elle était encore reconnaissante à l'auteur de ses jours pour sa parcimonie. Elle aimait fraternellement Alaric, mais son intelligence lui disait qu'avec le tempérament qu'elle avait, un mariage avec lui eût été un désastre. Vanessa était différente. Sa nature aimable et chaleureuse pourrait s'entendre même avec Alaric.

– Elle serait parfaite pour vous, affirma-t-elle.

– Semble très bien, approuva le duc.

– Et, bien sûr, vous seriez l'idéal, pour elle.

– Bien entendu.

– Elle est allée dans la bibliothèque après le breakfast. Pourquoi n'iriez-vous pas lui parler un moment ?

– J'y vais.

– Elle sera ravie de vous voir.

– Je le pense bien. J'y vais tout de suite. Et je ne vous demande pas de m'accompagner, Connie, alors filez.

2

Gally avait dû changer ses plans. Il n'avait pas pu, comme il en avait eu l'intention, montrer à Linda Gilpin les beautés de l'allée des ifs, car, après une conversation des plus brèves, ils s'étaient séparés, elle pour rentrer à la maison, lui pour se rendre à la porcherie de l'Impératrice où il savait trouver Lord Emsworth. Les paroles qu'il avait échangées avec l'âme sœur de son filleul l'avaient laissé perplexe et inquiet, et il avait le faible espoir que Clarence pourrait avoir quelque chose de constructif à suggérer. Un tel miracle n'était, bien sûr, pas probable, car Clarence, au cours de sa longue vie, n'avait jamais suggéré quoi que ce soit de constructif à qui que ce soit, sur quelque sujet que ce soit, mais il arrive souvent qu'on réussisse à clarifier ses pensées en parlant avec quelqu'un, même si ce quelqu'un se contente de vous contempler bouche bée comme un poisson rouge.

Il trouva Lord Emsworth, comme d'habitude, accroché comme une chaussette humide, sur la barrière du Q.G. de l'Impératrice, une grosse pomme de terre dans la main. Il en vint immédiatement au fait.

– Clarence, déclara-t-il, je suis inquiet.

– Je suis navré d'entendre cela, Galahad, dit Lord Emsworth en transférant poliment vers lui l'attention que monopolisait jusque-là la titulaire de la médaille d'argent qui s'affairait parmi les protéines et les hydrates de carbone avec un appétit qui aurait arraché un sourire approbateur à Wolff-Lehman.

– Est-ce Connie ? demanda-t-il, mettant le doigt sur ce qu'il pensait être la source la plus évidente d'ennuis pour n'importe qui au château de Blandings.

– Non, ce n'est pas Connie. C'est à propos de mon filleul.

– Je ne savais pas que tu avais un filleul.

– J'en ai plusieurs. Quand les gens te demandent de parrainer, tu ne peux pas refuser. Non que j'aie à me plaindre de mon petit lot. Je les aime tous beaucoup, particulièrement celui-ci. J'espère que je n'interromps pas ton repas, Clarence ?

– Je te demande pardon ?

– Cette pomme de terre que tu brandis…

– Oh ça ! C'est pour l'Impératrice. J'allais la lui donner.

– Donne-la-lui maintenant. Ensuite, tu pourras te concentrer sur mon histoire.

– Tout à fait. Oui, vas-y, Galahad. Tu disais que tu pensais à adopter un filleul.

– Je n'ai rien dit de tel. On n'adopte pas de filleuls, ils s'accrochent juste à vous comme une sorte d'excroissance. Celui-ci est le fils d'un de mes amis, et il a des problèmes.

Lord Emsworth parut touché.

– D'argent ? Je serais heureux de pouvoir faire quelque chose.

– C'est extrêmement gentil à toi, Clarence, mais tout va bien en ce qui concerne l'argent. Il est avocat au barreau et il a des intérêts dans une galerie de tableaux de Bond Street. C'est de la fille qu'il aime que viennent les ennuis. Tu te rappelles, ce soir où tu m'as appelé pour m'annoncer que Connie était revenue ? Il était avec moi, à ce moment-là, et il me racontait qu'il venait de se fiancer.

– Vraiment ?

– Avec la fille Gilpin.

– Qui est la fille Gilpin ?

– Tu la connais. Elle habite ici. Elle est arrivée hier soir. Petite, avec des yeux bleus et des cheveux noisette.

– Ah oui, il me semble l'avoir aperçue. N'est-elle pas quelque chose pour Alaric ?

– Sa nièce.

– Et elle va épouser ton filleul ?

– D'après lui, c'était dans la poche. Il m'a raconté combien il l'aimait et m'a donné l'impression qu'elle l'aimait avec une égale intensité.

– Ils s'aiment ? conclut Lord Emsworth qui avait compris.

– Exactement. On aurait dit qu'ils n'avaient plus qu'à acheter une licence et prévenir le prêtre.

– Quand le mariage aura-t-il lieu ? Est-ce que ça veut dire, s'écria Lord Emsworth pris d'une soudaine panique, que je vais devoir mettre un chapeau haut de forme ?

– À la façon dont ça tourne, tu n'as pas à t'en inquiéter.

– Tu ne crois pas que Connie va insister ?

– Elle n'en aura pas l'occasion.

– Elle m'en fait mettre un pour le banquet de l'école.

– Ce que j'essaie de t'expliquer c'est qu'il n'y aura sans doute pas de mariage.

– Tu disais qu'il y en aurait un.

– Mais la fille dit qu'il n'y en aura pas.

– Elle doit le savoir. Eh bien, c'est un soulagement. Ce n'est pas tant le chapeau haut de forme, ce sont les vêtements qui vont avec. Le col dur…

– Si tu me laissais continuer, Clarence.

– Certainement, mon cher ami, certainement.

– Alors, je poursuis. Il n'y a que quelques minutes, je l'ai emmenée, ou j'ai essayé de l'emmener, voir l'allée des ifs. Étant donné que c'était la première fois que je la trouvais seule, mon premier mouvement fut naturellement de lui parler des fiançailles.

– Avec ton filleul ?

– Avec mon filleul. Je lui ai dit : « Je pense que je dois vous présenter tous mes vœux de bonheur », elle a juste répondu : « Pourquoi ? » Un peu surpris par sa lenteur d'esprit, j'ai expliqué que je parlais de ses fiançailles.

– Avec ton filleul ?

– Avec mon filleul. Et elle a eu un coup d'œil froid et dédaigneux, comme si je l'avais insultée avec un mot de cinq lettres. « Avez-vous l'impression, a-t-elle dit, que j'ai l'intention d'épouser ce moins que rien ? Si oui, voici quelque chose pour votre dossier. Je ne l'épouserais pas, même si ma grand-mère me le demandait sur son lit de mort. Si je le voyais mourir de soif, je ne lui donnerais pas de quoi arroser un chou de Bruxelles. Et si j'entendais dire qu'il a été écrasé par un omnibus, et qu'il s'est brisé la colonne vertébrale en trois endroits, je parcourrais le château de Blandings en chantant comme un rossignol. » Ce ne sont peut-être pas ses mots exacts, mais c'est leur sens général, et son attitude m'a dérangé. Je suis peut-être hypersensible, mais j'ai eu le sentiment absolu que le mariage était rompu. Je n'arrive pas à imaginer ce que Johnny a pu faire pour la mettre dans cet état. C'est probablement quelque chose de tout à fait banal. J'ai remarqué tout au long de ma vie que les filles n'ont pas besoin de raisons très sérieuses pour rompre leurs fiançailles. C'est leur premier mouvement quand quelque chose ne va pas. Je me souviens d'un type, nommé Ponderby, au vieux Pélican, Ponderby la Dalle, on l'appelait, un raccourci pour la dalle en pente, à cause de sa remarquable capacité d'absorption en fait de rhum, qui s'était fiancé à une fille qui faisait un numéro de serpents dans les music-halls de banlieue et emmenait partout avec elle ses partenaires dans un panier d'osier. Une nuit, alors qu'ils venaient de souper au Bodega, un long membre de la troupe, tout vert, est sorti et s'est enroulé sur la jambe de Dalle qui, désireux de vendre chèrement sa peau, l'a frappé sur le nez avec une baguette de pain. Il a expliqué à la fille que la vue des serpents l'affectait toujours profondément, mais elle a quand même rompu les fiançailles et elle a épousé un jongleur. Et il y a eu aussi ce pauvre Binks Holloway…

L'anecdote de Binks Holloway était l'une des meilleures de Gally. Il l'avait peut-être racontée cent fois au cours de sa carrière et elle ravissait toujours le public, mais il ne la narra pas cette fois. Lord Emsworth venait d'émettre un cri étranglé et pointait un doigt tremblant vers quelque chose dans la porcherie. Gally ne voyait pas ce que cela pouvait être. Tout lui semblait parfaitement normal. L'Impératrice n'avait pas été avalée par un gouffre et n'avait pas été enlevée dans un chariot de feu. Elle n'avait pas l'habitude de faire montre de ses émotions, mais elle semblait même plus placide que d'habitude.

– Que se passe-t-il, Clarence ? demanda-t-il vivement.

Le cri soudain lui avait fait se mordre la langue.

Pendant un moment, Lord Emsworth lutta pour retrouver l'usage de la parole. Quand il y parvint, sa voix tremblait.

– La pomme de terre !

– Eh bien ?

– Elle ne l'a pas mangée. Une telle chose n'est jamais arrivée. Elle aime passionnément les pommes de terre. Elle doit couver quelque chose.

– Faut-il envoyer chercher le vétérinaire ?

La question de Gally avait l'intention d'être satirique. Cette agitation, à propos d'un cochon manifestement en parfaite santé, lui semblait stupide et sa langue lui faisait un mal de chien.

– Ou appeler la police ? Ou prévenir l'armée ?

La seule chose qui pénétra la conscience de Lord Emsworth fut le mot important.

– Oui, téléphone au vétérinaire, Galahad. Je le ferais bien moi-même, mais je dois rester ici. Son nom est Banks.

Beach te donnera le numéro. S'il te plaît, va voir Beach sans délai.

3

On a beaucoup dit de Galahad Threepwood, au bon vieux temps du Pélican, que les coups qui abattaient des hommes de moindre envergure le laissaient aussi froid et calme qu'une morue à l'étal du poissonnier, et il est bien vrai qu'il accueillait la plupart des épreuves avec un sourire nonchalant et courageux. Néanmoins, ce fut avec le cœur meurtri qu'il se rendit à l'office de Beach pour aller chercher du secours. Il lui semblait assez évident, d'après les remarques qu'elle avait faites sur le chemin de l'allée des ifs, que ce qui séparait Linda Gilpin et le filleul pour lequel il avait une affection paternelle n'était pas une simple querelle d'amoureux, du genre de celles qu'on peut terminer avec quelques baisers et un flacon de parfum, mais une affaire vraiment sérieuse. Pour une raison quelconque, qui restait à expliquer, la cote de Johnny était tombée si bas dans les affaires matrimoniales, qu'il se pouvait bien qu'il ne prît même pas le départ.

Ce n'était pas une chose agréable à envisager, pour un parrain aimant, et il réfléchissait profondément en revenant vers la maison. C'était un optimiste convaincu et il avait soutenu tout au long de sa carrière que, aussi sombres et bas que soient les nuages, le soleil finit toujours par revenir, mais, cette fois, on aurait dit que le soleil avait d'autres intentions.

Il traversait donc le hall en réfléchissant quand sa méditation fut interrompue par une voix criant son nom.

Lady Constance était sur le seuil du salon ambre. Il la trouva étrangement semblable à la statue de la Liberté.

– Viens par ici, s'il te plaît, Galahad.

Les conversations avec Connie, qui tendaient trop souvent à tourner à l'aigre, n'étaient pas quelque chose que recherchait Gally et en ce moment, avec l'esprit si occupé, il se sentait particulièrement allergique à un tête-à-tête. Il répliqua promptement :

– Je ne peux pas. Je suis occupé. Très occupé.

– Peu m'importe que tu sois occupé. Il faut que je te parle.

– D'accord, mais parle vite. L'Impératrice a refusé de manger une pomme de terre, Clarence est inquiet et je dois appeler le vétérinaire. C'est une crise majeure, et tous les hommes de cœur ont été appelés au secours du parti.

Il la suivit dans le salon, s'effondra sur une chaise et se mit à polir son monocle, action qui lui valut un brutal :

– Oh ! Pour l'amour du ciel, ne fais pas ça !

– Faire quoi ?

– Tripoter ton horrible lorgnon !

Il fut évident pour Gally que sa sœur était dans une de ces humeurs qui équivalaient, en gros, à celles dont étaient coutumières Cléopâtre et Bodicéa quand les choses allaient mal, et il se redressa pour jouer l'Homme. Une de ses règles de conduite était : « Quand Connie t'attaque, assieds-toi immédiatement sur sa tête. » C'était une politique qu'il ne cessait de conseiller à Lord Emsworth, mais sans aucun succès.

– Je ne vois pas pourquoi tu l'appelles horrible, déclara-t-il dignement. Depuis des années il fait l'admiration des plus raffinés des vendeurs d'anguilles en gelée de Londres. Qu'est-ce que tu as, Connie ? Tu ne m'as pas attiré ici juste pour m'abreuver d'insultes.

– Je t'ai attiré ici, comme tu le dis, parce que je veux te parler de Vanessa Polk.

– C'est mieux. Je suis toujours ravi de parler de cette poupée. Charmante créature.

– Oui, et tu as l'habitude de monopoliser les charmantes créatures qui visitent le château, sans laisser personne d'autre les approcher.

– On essaie d'être civil.

– Eh bien, cette fois, ne le sois pas. Il y en a d'autres qui aimeraient parler, de temps en temps, avec Vanessa.

Seule une bienveillante répugnance à attiser les passions au-delà de tout contrôle empêcha Gally de recommencer à polir son monocle. La signification de ces paroles ne lui avait pas échappé. À part Howard Chesney, elle ne pouvait penser qu'à une seule personne et il était peu probable qu'elle s'inquiétât pour Howard Chesney.

– Tu veux parler de Dunstable ?

Lady Constance sursauta avec irritation, comme la statue de la Liberté piquée par un moustique qui serait venu des marécages de Jersey. Elle parla avec l'impatience qu'elle montrait toujours tôt ou tard quand elle conversait avec son frère Galahad.

– Pourquoi persistes-tu à l'appeler comme ça ? Tu le connais depuis des années. Pourquoi pas Alaric ?

– Peu importe comment je l'appelle. Si tu savais comment j'aimerais l'appeler, tu serais étonné de ma modération. Es-tu en train de me dire que ce morse humain a eu le coup de foudre pour Vanessa Polk ?

– Alaric n'est pas un morse humain.

– Tu critiques mon emploi du mot humain ?

Lady Constance déglutit deux fois et fut ensuite capable de réfréner son envie d'assommer son frère avec un vase de verre contenant des glaïeuls. C'est une des tragédies, quand on avance en âge, que de devoir combattre les réactions simples de l'enfance. Dans leur commune nursery, de bien moindres provocations que celle-ci l'auraient amenée à attaquer toutes griffes dehors. Elle se força, avec effort, à préserver la décence des débats.

– Je ne vais pas perdre ma matinée à discutailler avec toi, Galahad, dit-elle. Naturellement, je ne dis rien d'aussi idiot. Alaric n'a pas eu le coup de foudre, mais il est très intéressé par Vanessa et je n'en suis pas surprise. Elle est très attirante.

– Mais pas lui, contra Gally.

Lady Constance lui adressa un regard glacial. Perdu pour lui car, trop humain pour polir son monocle, il se contentait de l'écouter les yeux fermés. Sa voix se fit dure quand elle dit :

– Alaric est extrêmement attirant.

– Si on aime les morses.

– Et je veux que tu comprennes que tu ne dois pas t'opposer à…

– Ses vœux ?

– Si c'est le mot que tu veux employer.

– Très bien. Mais, puis-je te dire avant de partir, que, si tu essaies de caser Dunstable cette saison, tu n'as pas la moindre chance. Il est trop attaché à sa tranquillité et trop amoureux de son confort pour épouser qui que ce soit. Ne te leurre pas. Il peut avoir l'air de vouloir sauter le pas, mais il se rappellera comme c'est agréable d'être veuf et il se retirera à temps.

Et, sur ces mots, Gally fila à l'office pour remplir sa mission.

Quand il entra, Beach polissait l'argenterie. Abandonnant un moment sa tâche, il appela le bureau du vétérinaire de Market Blandings et lui demanda de se hâter vers la porcherie de l'Impératrice ; il avait à peine raccroché que le téléphone se mit à sonner.

– Pour vous, monsieur Galahad. Un monsieur Halliday.

– Ah, je m'attendais à son appel. Allô, Johnny ?

La conversation qui s'ensuivit fut brève, trop brève au gré de Beach dont la curiosité avait été éveillée. Il comprit que ce monsieur Halliday appelait des *Armes d'Emsworth* et voulait voir monsieur Galahad le plus tôt possible mais, à part cela, le mystère resta complet. À la fin, Gally raccrocha et, avec un brusque : « Je vais à Market Blandings », il sortit à la hâte.

Bizarre, pensa Beach, très étrange. Sinistre, aussi, quand on y pensait, comme ces coups de téléphone dans les romans à suspense qui étaient sa lecture favorite. Il espérait que monsieur Galahad n'était pas compromis avec un gang quelconque.

4

La voix creuse de John, au téléphone, avait approfondi la conviction de Gally que la brouille entre lui et la poupée Gilpin était la vraie chose, façon West End et, quand il atteignit sa destination et le vit, il réalisa à quel point son appréhension était fondée.

Avec l'excellence de sa bière et le charme de son jardin ombreux le long de la rivière où les clients vont consommer, on voit rarement des visages hébétés aux *Armes d'Emsworth*, et l'hébétement de celui de John n'en était que plus remarquable. Dans cet environnement idyllique, il ne pouvait qu'attirer l'attention, et Gally se rappela son vieil ami Fruity

Biffen, arrivant sur le champ de course de Hurst Park avec une barbe d'Assyrien supposée empêcher la douzaine de bookmakers présents auxquels il devait de l'argent de le reconnaître lorsque la barbe, insuffisamment enduite de colle de poisson, l'avait abandonné. Il avait le même air blafard et les mêmes traits tirés.

Aucun mot ne fut prononcé avant qu'ils ne fussent assis à l'une des tables du jardin, devant deux pichets de la bière des *Armes d'Emsworth*. Mais il n'était pas dans la nature de Gally de se retenir longtemps de parler et, après s'être fortifié avec une gorgée d'élixir, il se pencha en avant et tapa paternellement sur l'épaule de son compagnon.

— Raconte-moi tout, mon garçon, dit-il avec la voix d'un brancardier s'adressant à son brancardé. Je dois te signaler qu'il y a un peu plus d'une heure j'étais en conférence avec miss Gilpin et j'ai donc compris plus ou moins la situation. C'est-à-dire que, quoique peu au courant des détails, j'ai une vue assez claire de la conjoncture générale. J'ai déduit de ce qu'elle m'a dit que vos fiançailles sont rompues et, comme il n'y a qu'un jour ou deux qu'elles avaient commencé, je trouve que c'est du travail un peu rapide. J'ai été sidéré.

— Qu'est-ce qu'elle a dit sur moi ?

— Il vaut beaucoup mieux que tu n'en saches rien. Qu'il te suffise de penser que ses paroles différaient sensiblement de ce que Juliette disait de Roméo. Que s'est-il donc passé ?

Un scarabée, descendant de l'arbre à l'ombre duquel ils étaient assis, tomba sur la table. Johnny le regarda froidement.

— Ce n'était pas ma faute, dit-il. Je n'ai fait que mon devoir. Les femmes ne comprennent pas ces choses.

— Quelles choses ?

– Elle aurait dû comprendre que je ne pouvais pas laisser tomber Clutterbuck.

– Clutterbuck ?

– G. G. Clutterbuck.

Gally avait l'intention de n'être que gentillesse et sympathie durant cette entrevue, mais il ne put réprimer un reniflement d'irritation. Quand il devait écouter une histoire au lieu d'en raconter une, il aimait qu'elle soit claire et sans détour.

– Qui diable est G. G. Clutterbuck ?

– Un client que je représentais dans l'affaire Clutterbuck contre Frisby. Frisby est un vendeur de viande en gros en retraite dont la voiture a percuté celle de Clutterbuck dans Fulham Road, secouant Clutterbuck et lui causant peut-être des contusions internes. La défense, bien sûr, plaidait que Clutterbuck était rentré dans Frisby, et tout reposait sur le témoignage d'une miss Linda Gilpin qui, passant par là au moment de l'accident, avait été témoin oculaire de la collision. Il était de mon devoir de la contre-interroger et de rendre évident pour le jury qu'elle n'était pas fiable et que son récit était aussi plein de trous qu'un fromage de Gruyère.

Il est probable qu'à ce moment Gally aurait émis un cri exprimant l'intérêt et l'inquiétude, mais il était en train de boire sa bière. Il ne fut en état d'offrir un commentaire qu'après avoir fini de s'étrangler, quand un garçon lui eut abondamment tapé dans le dos, et, même alors, il en fut empêché car John avait repris son récit.

– Tu peux imaginer mes sentiments. Le tribunal tournait autour de moi. J'ai cru un moment que je ne pourrais pas continuer.

Le côté dramatique de la situation impressionna Gally. Son monocle s'envola de sa base.

– Mais tu as continué ?

– Oui, et en, à peu près, une minute et demie, je l'ai complètement entortillée. Elle ne pouvait plus faire un mouvement.

– Tu l'as convaincue d'affirmations abusives ?

– Oui.

– Et tu as ajouté « Serait-il juste de dire… » ou « ce n'est qu'un ouï-dire… » et ce genre de choses ?

– Oui.

– Lui as-tu brandi un doigt au visage ?

– Bien sûr que non !

– Je pensais que ça se faisait toujours. Mais tu lui as joué le grand jeu ?

– Oui.

– Et elle s'en est aperçue ?

– Oui.

– As-tu gagné ton affaire ?

– Oui.

– Alors, ça a dû plaire à Clutterbuck.

– Oui.

– L'as-tu revue, depuis ?

– Non. Elle m'a écrit un mot pour me dire que nos fiançailles étaient rompues.

Gally replaça son monocle. Le regard de l'œil auquel il l'ajusta, comme celui de l'autre, qui traversait l'existence tout nu, n'avait rien d'encourageant. Pas plus que son « Hum ! ». Un « Hum ! » pourtant calculé pour engendrer l'optimisme.

– Tu es mal parti, Johnny.

– Oui.

– Tu vas devoir faire une sacrée plaidoirie si tu veux un jour entendre sonner les cloches de l'hymen dans une petite église de campagne, ou dans quelque endroit que tu aies l'intention de les faire sonner. Le premier problème auquel nous sommes confrontés est : comment vas-tu pouvoir faire ce plaidoyer ?

– Je ne te suis pas. Elle est au château.

– Exactement. Et tu n'y es pas.

– Mais tu vas m'y inviter.

Gally secoua la tête. Il était peiné d'agir comme une mauvaise gelée dans le jardin des rêves de son jeune ami, mais il fallait faire face aux faits.

– Impossible. Rien ne me ferait plus plaisir, Johnny, que de te faire entrer dans notre vieille maison familiale, mais tu ne réalises pas quelle est ma position là-bas. Connie ne peut pas me renvoyer, car je suis un membre de la famille, mais elle m'y voit avec ennui et sa conversation, dans les rares occasions où elle me parle, consiste en louanges sur les divers trains allant vers la métropole. Toute tentative de ma part pour faire entrer un ami réveillerait la tigresse qui sommeille en elle. Tu aurais de la chance de durer cinq minutes. Elle te prendrait par le col et par le fond de ton pantalon pour te jeter dehors avant même que tu aies fini d'essuyer tes pieds sur le paillasson. Je sais ce que tu ressens et je ne pourrais être plus désolé de ne pouvoir te rendre service, mais c'est comme ça. Il va falloir que tu rentres à Londres et que tu me laisses veiller sur tes intérêts. Et, si je puis le dire, ajouta modestement Gally, ils ne pourraient être en de meilleures mains. Je vais plaider devant L. Gilpin et je suis expert pour jouer sur elle comme sur un instrument à cordes.

Ces mots lui remirent en mémoire une histoire très drôle à propos d'un membre du Pélican Club qui avait un jour essayé d'apprendre à jouer du banjo, mais quelque chose lui murmura que ce n'était pas le moment de la raconter. Il donna sur l'épaule de Johnny une autre tape paternelle et repartit sur le long chemin menant au château.

John, dont le visage ressemblait de plus en plus à celui de Fruity Biffen, commanda une autre bière.

CHAPITRE CINQ

De façon à éviter la morsure du soleil et la société du duc de Dunstable, qui était soudain devenu extrêmement collant, Vanessa Polk s'était glissée, après le déjeuner, vers l'un des berceaux ombragés dont le parc de Blandings était libéralement pourvu, et s'était assise là, sur un banc rustique. Le père de Lord Emsworth aimait à semer des bancs rustiques ici et là. Il avait aussi, non que cela eût la moindre importance dans notre récit, collectionné des œufs d'oiseaux et des volumes reliés de la Société archéologique du Shropshire.

Assise là, elle pensait à Wilbur Trout. La nouvelle qu'il était attendu par le train de l'après-midi lui avait causé une certaine nostalgie. Il l'avait probablement oublié, ayant eu une vie dans laquelle les liens féminins avaient été nombreux, mais ils avaient, jadis, été brièvement fiancés et, bien que ce fût elle qui avait rompu les fiançailles, elle lui avait toujours gardé une certaine tendresse maternelle. Chaque fois qu'elle entendait parler d'un autre de ses mariages, elle ne pouvait s'empêcher de penser qu'elle avait eu tort de déserter son poste et de cesser de veiller sur lui. Ayant perdu sa douce surveillance, il avait perdu toute retenue, sautant de blonde en blonde avec une assiduité qui semblait suggérer qu'il avait l'intention de continuer à se marier jusqu'à ce que la matière première lui fît défaut.

Wilbur Trout était un très aimable jeune homme dont l'erreur première, dans la vie, avait été d'avoir un père qui aimait gagner de l'argent et comptait comme perdu un jour où il n'augmentait pas son compte en banque. S'il avait été le fils d'un contribuable du bas de l'échelle fiscale, il aurait vécu comme un petit employé de bureau heureux et sans reproche, dont la seule forme de dissipation aurait consisté en visites occasionnelles à Palisades Park ou Coney Island. Mais, ayant hérité de quelque cinquante millions de dollars, il s'était dérangé et était devenu l'un des play-boys les plus en vue de New York, révéré par les maîtres d'hôtels, la proie des journalistes spécialisés dans les potins et un grand organisateur de réceptions dont les invités rassemblaient riches et pauvres. C'était lors d'une de ces soirées que Vanessa l'avait rencontré et elle était maintenant assise à l'ombre d'un berceau en pensant au bon vieux temps.

Il y aurait beaucoup à dire en faveur de ce berceau ombreux. Il était frais. Il était agréablement parfumé. Le ruisselet qui le traversait en allant vers le lac gazouillait joyeusement. Et, par-dessus tout, Alaric, duc de Dunstable, n'y était pas. Mais, en face de ces avantages, il y avait le fait que c'était le country club de tous les insectes ailés du Shropshire. Après un moment, fatiguée de leur société, Vanessa se leva et retourna vers la maison. Quand elle y arriva, Lord Emsworth descendait les marches du perron. Elle le salua cordialement.

– Vous faites l'école buissonnière, Lord Emsworth ?

– Je vous demande pardon ?

– À moins que l'Impératrice ne vous ait donné congé pour l'après-midi ? N'êtes-vous pas avec elle, d'habitude, à cette heure de la journée ?

Lord Emsworth, qui était un peu maussade, se dérida légèrement. Il aimait beaucoup Vanessa. Il la trouvait sympathique et il cherchait justement une oreille sympathique où verser ses ennuis. Il lui expliqua la raison de son abattement.

– Connie m'a demandé d'aller chercher le nommé Trout à la gare. Il arrive par le prochain train. Je ne sais plus à quelle heure, mais Voules le sait. Et je ne devrais pas quitter l'Impératrice une minute. Elle a besoin de moi.

– Pourquoi n'avez-vous pas dit à Lady Constance que vous aviez un autre rendez-vous ?

Le regard vitreux derrière le pince-nez de Lord Emsworth lui montra que cette idée révolutionnaire ne lui était pas venue à l'esprit. Quand Connie vous disait de faire quelque chose, vous ne disiez pas que vous aviez un autre rendez-vous. Galahad, bien sûr, était capable d'un courage aussi impavide, mais Galahad, outre qu'il était un homme de fer et d'acier, vétéran de centaines de combats avec des bookmakers, des huissiers et des racoleurs de champs de course, portait un monocle et n'avait qu'à le tripoter pour abattre la pire des sœurs. On ne pouvait pas attendre cela d'un porteur de pince-nez. Avec un frisson à la seule pensée d'une telle chose, il dit :

– Oh, je ne pourrais pas faire ça.

– Pourquoi pas ?

– Elle serait furieuse.

Des roues firent crisser le gravier. La voiture arrivait, le chauffeur Voules au volant.

– Oh non ! soupira Lord Emsworth en la voyant.

– Attendez ! dit Vanessa. Pourquoi n'irais-je pas accueillir Trout ?

Le sursaut de Lord Emsworth à cette suggestion fut si violent que le pince-nez se détacha de son support. Le rattrapant par sa ficelle, il la contempla avec respect. Lors de sa visite à New York, pour assister au mariage de Connie et de James Schoonmaker, il était devenu un grand admirateur des Américaines, mais il n'aurait jamais supposé que même une Américaine puisse être aussi noble que cela.

– Vous feriez ça ? Vous le feriez vraiment ?

– Bien sûr. Un privilège et un plaisir.

– Pas besoin de le dire à Connie.

– C'est inutile, en effet.

– C'est très gentil à vous. Je ne sais pas comment vous remercier.

– N'y pensez plus.

– Vous voyez, c'est l'Impératrice. Je veux dire…

– Je sais ce que vous voulez dire. Votre place est à ses côtés.

– Exactement. Je ne devrais pas la quitter un seul instant. Ils prétendent qu'il n'y a aucune raison de s'inquiéter. Banks dit des tas de choses, mais le fait demeure qu'elle a refusé de manger une pomme de terre que je lui offrais.

– Mauvais, ça.

– Non, c'est justement ce qu'il y a de sinistre, cette pomme de terre n'avait rien de mauvais. Elle était en parfait état. Mais l'Impératrice l'a juste reniflée et…

– Elle a tourné les talons ?

– Précisément. Elle l'a reniflée et elle est partie. Naturellement, je suis inquiet.

– Tout le monde le serait.

– Si seulement je pouvais consulter Wolff-Lehman !

– Pourquoi ne pouvez-vous pas ?

– Il est mort.

– Je vois ce que vous voulez dire. Cela le disqualifie en tant que conseil. À moins que vous n'essayiez de faire tourner les tables.

– Alors, si vous voulez vraiment aller à la gare…

– J'y vais. Market Blandings, me voici.

– Je crains de vous demander beaucoup. Vous allez trouver ennuyeux de devoir parler à monsieur Trout pendant le chemin de retour. Il est toujours difficile de savoir quoi dire à un inconnu.

– Tout va bien. Willie Trout n'est pas un inconnu. Je l'ai rencontré de l'autre côté.

– Où ?

– En Amérique.

– Oh ! Ah, oui. Bien sûr, oui. Vous voulez dire, de l'autre côté de l'Atlantique.

– Nous aurons beaucoup à nous raconter. Nous ne nous ennuierons pas.

– Capital, dit Lord Emsworth. Capital, capital, capital.

Le train arrivait quand la voiture atteignit la gare. Wilbur Trout en descendit et Vanessa entama la conversation par un aimable : « Eh ! » auquel il répondit par le même monosyllabe cordial. Il n'était nullement embarrassé par la rencontre inopinée d'une femme qu'il avait aimée et perdue. Si le fait de rencontrer des femmes qu'il avait aimées et perdues avait dû embarrasser Wilbur Trout, il aurait passé la plus grande partie de sa vie à devenir tout rouge et à se tordre les mains. Vanessa était une vieille amie qu'il était ravi de revoir. S'il était un peu vague sur son identité, il se rappelait distinctement l'avoir connue auparavant. Et quand elle lui dit – après qu'il l'eût appelée Pauline – que son nom était Vanessa, il la reconnut. C'était la seule, de sa longue liste de fiancées, qu'il n'eût pas épousée.

Elle lui expliqua les circonstances qui l'avaient amenée au château de Blandings et ils parlèrent du bon vieux temps, des réceptions qu'il avait données à Great Neck et à Westhampton Beach, des garçons et des filles qui y avaient été invités avec elle et de la nuit où il avait plongé en habit de soirée dans la fontaine du Plazza. Mais ces souvenirs frivoles ne le retinrent pas longtemps. Son esprit était occupé par des pensées plus profondes.

– Dis, y a-t-il un endroit, par ici, où nous pourrions prendre un verre ? demanda-t-il.

Elle répondit qu'on trouvait toutes sortes de breuvages aux *Armes d'Emsworth*, à moins d'un jet de pierre. Il y avait d'autres estaminets à Market Blandings… N'oublions pas *L'Oie et le Jars*, les *Joyeux Cricketteurs*, la *Gerbe de Blé*, le *Repos du Roulier*, la *Vache Bleue* et le *Coup de l'Étrier*, mais ils recevaient le prolétariat plutôt que les visiteurs millionnaires de New York. C'est ce qu'elle expliqua à Wilbur et bientôt, ayant réjoui l'après-midi de Voules en l'envoyant se rafraîchir au bar, ils s'installèrent à l'une des tables du charmant jardin des *Armes d'Emsworth* avec un gin-tonic à portée de main et Vanessa exprima une pensée qui l'avait frappée dès l'instant de leur rencontre.

– Willie, dit-elle, tu as l'air de l'épave de l'Hesperus.

Il ne s'offensa pas des manières directes de sa vieille amie. Il était lui-même arrivé à la même conclusion en se regardant dans la glace ce matin. Il poussa seulement un triste soupir.

– J'ai eu des tas d'ennuis.

– Qu'est-ce qui ne va pas, cette fois ?

– C'est une longue histoire.

– Alors, avant de commencer, dis-moi comment diable tu viens jeter l'ancre au château de Blandings.

– C'est une partie de l'histoire.

– D'accord. Alors vas-y. Tu as la parole.

Wilbur prit une longue gorgée de son gin-tonic pour aider à la mise en ordre de ses pensées. Après un moment de réflexion, elles lui parurent correctement triées.

– Tout a commencé avec mon divorce.

– Lequel ? Luella ?

– Non, pas Luella.

– Marlene ?

– Non, pas Marlene. Geneviève.

– Oh, Geneviève ? Oui, j'ai lu ça quelque part.

– J'ai eu un choc terrible quand elle m'a quitté.

La pensée qu'avec son expérience de cette sorte de choses, l'exode d'une autre femme devait être pour lui de la pure routine, traversa l'esprit de Vanessa, mais elle ne dit rien. C'était une fille pleine de tact et elle comprenait que, pour une raison insondable, la perte de la troisième madame Trout, qui mâchait du chewing-gum et parlait comme un bébé, l'avait profondément affecté.

– Je l'aimais, Pauline… Je veux dire Vanessa. Je la vénérais. Et elle m'a laissé tomber pour un type qui joue de la trompette dans un orchestre. Et même pas un orchestre connu.

– Dur ! admit Vanessa, mais seulement par politesse.

Elle pensait que le personnage qui avait besoin de sympathie, dans ce drame, était le pauvre trompettiste. Un raté dans sa profession, enchaîné à un orchestre même pas célèbre, et maintenant lié à madame Geneviève Trout. Il aurait fallu être sans cœur pour ne pas ressentir de pitié pour un homme accablé par tant de malheurs.

Wilbur attira l'attention d'un serveur et commanda deux autres gin-tonics. Même s'il avait le cœur brisé, cet homme prudent ne négligeait pas le côté pratique de l'existence.

– Où en étais-je ? demanda-t-il en passant une main lasse sur son front.

– Tu en étais au trompettiste, et tu disais combien tu aimais Geneviève.

– C'est ça.

– Encore ?

– Tu veux savoir si je l'aime encore ? Certainement. Je pense à elle tout le temps. Je reste éveillé la nuit. Il me semble entendre sa voix. Elle disait des choses si attendrissantes.

– Je m'en doute.

– Elle appelait les roses des *woses*.

– C'est vrai.

– Et les lapins des *pinpins*.

– Oui, je me rappelle.

– Alors, tu peux imaginer ce que j'ai ressenti quand j'ai vu ce tableau.

– De quel tableau parles-tu ?

– Il était dans la vitrine d'une galerie de Bond Street. Et c'était l'image même de Geneviève.

– Un portrait d'elle ?

– Non. Un tableau peint par un Français. Mais je me suis dit que je devais l'acheter, tellement il me la rappelait.

– Alors, tu l'as acheté et ils t'ont invité au château de Blandings. C'était une prime ?

– Ne plaisante pas avec ça.

– Je ne plaisante pas. Il doit être arrivé quelque chose pour que tu sois ici. J'attends que tu me dises quoi.

– C'est le duc.

– Quel duc ?

– Il s'appelle Dunstable. Il m'a invité.

Vanessa agita les bras avec désespoir. Wilbur n'avait jamais su raconter les histoires. Il les rendait toujours incompréhensibles, mais, cette fois, il se surpassait.

– Je ne comprends pas, dit-elle. Je n'y comprends rien. Peut-être que ce serait plus simple si tu reprenais quand tu as acheté le tableau. En mots de moins de trois syllabes, si tu peux y arriver.

– Je ne l'ai pas acheté. C'est là le hic. Comme un idiot, j'ai pensé que je pouvais aller manger d'abord. Alors, je suis allé au club où j'avais une carte d'invité, et je prenais un verre au bar quand ce duc est arrivé et s'est assis à côté de moi et a commencé à m'expliquer ce qui n'allait pas au gouvernement. Nous nous entendions bien, et j'ai repris un verre, et avant de savoir ce qui m'arrivait, je lui avais tout raconté sur Geneviève et sur le tableau dans la galerie.

– Et pendant que tu allais te restaurer, il a filé acheter le tableau et maintenant il veut te le revendre en faisant un gros bénéfice.

L'étonnement coupa un moment la parole à Wilbur. Il contempla avec admiration cette fille clairvoyante.

– Comment as-tu deviné ? haleta-t-il.

– Ce n'était pas difficile, connaissant le duc. Ce doit être le tableau qu'il a accroché dans la galerie des portraits du château. Et je te parie qu'il ne l'a pas acheté pour l'amour de l'art. Il ramasse tout ce qu'il peut grappiller.

Avec un autre de ses tristes soupirs, Wilbur renforça son hypothèse.

– Et il m'a invité pour que je puisse le contempler. Il sait que je ne pourrai pas m'empêcher de l'acheter, quelle que soit la somme qu'il en demande. Et, poursuivit Wilbur maussade, ça sera sans doute le double de ce qu'il a payé. Je suis mal parti.

– Alors, tu n'as qu'à dire : « Repartons du bon pied ! »

Un long voyage en train et plusieurs gin-tonics avaient laissé le cerveau de Wilbur un peu léthargique. Il présumait que ces mots avaient un sens, mais il ne le comprenait pas. Si on lui avait demandé une explication de texte, il aurait dit : « Billevesées ! »

– Que veux-tu dire ?

– Tu dis que tu es mal parti. Pourquoi es-tu mal parti ? Selon moi, tout va bien. Tu es là, le tableau est là et tu n'as qu'à le faucher.

Les yeux de Wilbur s'élargirent. Il émit un son bronchique, semblable au coassement du crapaud-buffle. Il n'est jamais facile, pour un homme à l'esprit paresseux, d'assimiler une idée nouvelle.

– Le faucher ? balbutia-t-il. Tu veux dire le *faucher* ?

– Sûr ! Pourquoi pas ? Il te l'a bien fauché sous le nez, non ? Tu peux demander à la galerie de peinture combien il l'a payé et l'indemniser, si c'est bien le mot.

Une lueur éclaira l'œil de Wilbur mais ce ne fut que momentané. Il voyait bien que cette suggestion était bonne, mais il savait qu'il n'était pas homme à mener l'affaire à bien.

– Je ne pourrais pas faire ça, dit-il sur le ton qu'avait employé Lord Emsworth pour dire la même chose un peu plus tôt dans l'après-midi.

Et Vanessa eut la même réaction.

– Alors, je le ferai, affirma-t-elle.

Et Wilbur, comme Lord Emsworth, la regarda un moment sans y croire. À l'époque de leurs fiançailles, il avait compris que Vanessa était une fille à l'esprit non conventionnel, mais il n'était pas préparé à une surprise de cette envergure.

– Tu crois vraiment que tu pourrais faire ça ?

– Bien sûr, que je peux faire ça. J'ai seulement besoin d'y réfléchir un moment. En fait, j'ai déjà un commencement d'idée. J'hésite seulement parce qu'il faudrait y mêler Chesney.

– Qui est Chesney ?

– Un homme qui séjourne au château. Je suis presque sûre que c'est un escroc, mais il faut que j'en sois absolument certaine avant de pouvoir commencer. On ne peut pas prendre de risques avec une chose comme celle-là.

– Bien sûr que non.

– Je pourrai le dire quand je l'aurai étudié d'un peu plus près. J'espère qu'il est bien ce que je crois, car, dans tout ça, ce qui est aussi évident que le nez au milieu de la figure, c'est que Sa Grâce le duc ne doit pas pouvoir escroquer la veuve et l'orphelin et s'en tirer comme ça. Et maintenant, conclut Vanessa, allons extraire le chauffeur du bar, et rentrons au château.

CHAPITRE SIX

1

La nuit était tombée quand John revint à Londres. Il trouva Paddington aussi raffiné et calme que d'habitude et son aspect désespéré y apporta une note discordante tout comme il l'avait fait aux *Armes d'Emsworth*. Les porteurs de Paddington aiment à être entourés de visages souriants. Ils peuvent avoir pitié des jeunes hommes aux traits tirés et aux yeux hagards, mais ils préfèrent ne pas être associés à eux et cela s'applique également aux gardes, aux conducteurs de locomotives et aux serveurs du buffet. Tout le personnel de la gare poussa un soupir de soulagement quand il fut monté dans un taxi en route pour Halsey Court, dans la division postale W.1, son adresse de Londres.

Son entretien avec Gally avait augmenté l'abattement avec lequel il avait entrepris son voyage dans le Shropshire. Il avait été si certain d'être invité au château de Blandings, préliminaire essentiel à une réconciliation avec la fille dont il avait brisé le cœur par ses « Serait-il juste de dire… » et « Ce n'est qu'un ouï-dire… » quand il combattait sous la bannière de G. G. Clutterbuck. Une fois au château, il aurait pu commencer à plaider sa cause, et en disant plaider, il entendait bien plaider, sans omettre un seul mot ou acte pouvant mener à une paix durable. Qu'on lui permette d'amener Linda à la table de négociation, se disait-il, qu'elle entende le trémolo dans sa voix, qu'elle voie ses yeux mouillés, et tout irait bien.

Le refus de Gally de coopérer avait été un coup inattendu, mettant à mal tout son plan de campagne. Les derniers mots de Gally n'avaient rien fait pour lui remonter le moral. Il avait parlé de jouer de Linda comme d'un instrument à cordes avec la confiance d'un homme jouant des filles comme d'instruments à cordes depuis sa tendre enfance, mais il y avait peu à espérer de cela. Un tiers ne peut rien accomplir de solide en de telles occasions. De délicates négociations entre deux cœurs blessés ne peuvent être conduites par un agent. La touche personnelle y est nécessaire.

Halsey Court, quand il l'atteignit, lui fit toucher le fond de sa dépression. C'était un cul-de-sac sombre, plein de chats errants et de journaux voletants, dont le seul mérite était la modicité de son loyer. Halsey Chambers, où il avait un appartement depuis deux ans, était un immeuble dépenaillé, occupé par des jeunes gens qui essayaient de se faire une place au soleil, des journalistes, comme Jerry Shoesmith, le rédacteur de l'hebdomadaire minable *Les Épices de la Société*, ou des auteurs de romans policiers, comme Jeff Miller, l'international de rugby. John avait hérité de l'appartement de ce dernier quand il s'était marié et était allé vivre à New York, et de Ma Balsam, la forte femme maternelle qui veillait sur lui. Elle émergea de sa cuisine quand il ouvrit la porte et il la salua d'un « Hello, Ma » qu'il essaya de ne pas faire ressembler à un râle.

– Bonsoir, monsieur, dit-elle. Alors, vous êtes rentré. Avez-vous pris du bon temps, à la campagne ?

John serra les lèvres et retint sa respiration. Il fut ainsi capable de réprimer le rire creux qui essayait de lui échapper en réponse à cette question. Il n'avait aucune envie de révéler à cette bonne dame qu'elle conversait avec une âme torturée car, s'il lui avait laissé voir que c'était le cas, elle l'aurait englouti sous une vague de fond de sympathie qu'il était en ce moment incapable de supporter. Ma Balsam, quand elle était en veine de sympathie, pouvait être abrutissante.

– Très bon, répondit-il, après avoir compté jusqu'à dix.

– Où êtes-vous allé ?

– Dans le Shropshire.

– C'est loin.

– Oui.

– Une bonne chose que le temps se soit maintenu.

– Oui.

– C'est si désagréable, qu'il se mette à pleuvoir quand on fait un voyage d'agrément à la campagne.

– Oui.

– Bon, dit Ma Balsam semblant considérer que ce qu'on pouvait appeler les pourparlers étaient terminés. Il est dommage que vous n'ayez pas été là, parce qu'un ami à vous, ce monsieur Ferguson, a essayé de vous téléphoner toute la journée.

– Je ne connais aucun Ferguson.

– C'était peut-être Bostock. Il est venu souvent dîner ici. Le genre artiste. La voix haut perchée. Des lunettes en écailles de tortue.

– Vous voulez dire Joe Bender ?

– C'est ça ! Il est artiste, ou quelque chose ?

– Il dirige une galerie de peinture dans Bond Street.

– Eh bien, il n'a pas dû diriger grand-chose aujourd'hui, parce qu'il a été tout le temps au téléphone pour vous parler.

Il était très impatient. Il n'arrêtait pas de demander : « Pour l'amour de Dieu, il n'est pas encore rentré ? » et j'ai même dû le reprendre, pour avoir utilisé l'expression : « Oh, zut ! » quand je lui ai dit que vous n'y étiez pas. La dernière fois qu'il a appelé, il n'y a pas plus de vingt minutes, il m'a dit de le prévenir à l'instant où vous arriveriez. Vous voulez que je le fasse ?

John soupesa la question. Son impulsion était de répondre par la négative. Il aimait beaucoup Joe Bender et, dans des circonstances normales, il appréciait sa compagnie, mais un homme, se relevant à peine d'un coup semblable à celui qu'il venait de recevoir, fuit même la société de ses meilleurs amis. Étant donné ce qu'étaient ses pensées, ce soir il voulait rester seul avec lui-même. Puis, la bonté naturelle de son cœur prit le dessus. Il réfléchit que Joe n'aurait pas téléphoné avec tant d'urgence s'il n'avait eu quelque sorte d'ennuis et qu'il était donc moralement obligé de lui dire de venir pleurer sur son épaule.

– Oui, faites ça, Ma, dit-il. Je vais prendre une douche. S'il arrive avant que je ne sois habillé, faites-le attendre.

Quand John reparut, bien réconforté par son bain, Joe Bender était là, en conversation avec Ma Balsam, quoique conversation ne fût peut-être pas le mot juste pour ce qui était un monologue de sa part à elle et une série de grogne-ments de sa part à lui. Comme une bonne hôtesse, elle fit entrer John dans leur petit cercle.

– Je disais à monsieur Je-ne-sais-qui qu'il n'a pas l'air bien, expliqua-t-elle. Je l'ai remarqué à la minute où il est entré.

Ses yeux ne l'avaient pas trompée. Joe Bender avait une mine épouvantable. C'était, pour utiliser une tournure passée de mode, un homme de vingt-huit printemps, mais il donnait plutôt l'impression d'avoir traversé au moins autant d'hivers particulièrement rudes. Il était encore plus hagard que John, tellement que ce dernier, oubliant ses propres ennuis, poussa un cri d'inquiétude.

– Dieu du Ciel, Joe ! Que se passe-t-il ?

– C'est juste ce que je me demandais, dit Ma Balsam. Si vous voulez mon avis, il couve quelque chose. Il a le même teint terreux qu'avait Balsam avant d'être frappé par le mal qui l'a envoyé dans l'au-delà. Il a d'abord perdu l'usage de ses jambes, poursuivit-elle quand Joe Bender s'effondra sur une chaise. Et il n'a pas fallu longtemps pour qu'il soit couvert de boutons. Nous devrions envoyer chercher un docteur, monsieur Je-ne-sais-qui.

– Je ne veux pas de docteur.

– Alors, je vais aller vous chercher une bonne tasse de lait chaud, déclara Ma Balsam.

Elle appartenait à la vieille école, celle pour qui une bonne tasse de lait chaud, bien que ne repoussant pas toujours l'ange de la mort, pouvait au moins retarder l'inévitable.

Quand la porte de la cuisine claqua derrière elle, Joe Bender poussa un soupir de soulagement.

– Je pensais que cette femme ne s'en irait jamais. Dis-lui que je ne veux pas de son fichu lait.

– Tu veux un whisky soda ?

– Oui, je vais en prendre un. En fait, il m'en faudrait même plusieurs.

John alla à la cuisine et revint, ayant réussi, après bien des discussions, à décommander la panacée de Ma Balsam.

– Il pourrait bien expirer sur le sol, prévint-elle. Mais faites comme vous voulez.

– Maintenant, demanda-t-il, de quoi s'agit-il ?

Il est possible que, si la rencontre avait eu lieu plus tôt, Joe Bender eût doucement annoncé la nouvelle dont il était porteur, car c'était un homme sensible qui, quand il était obligé de donner des chocs aux gens, aimait faire de son mieux pour les adoucir. Mais, une longue journée d'agitation croissante lui avait sapé le moral. Pendant une éternité, lui semblait-il, il avait gardé caché dans ce que Shakespeare eût appelé le tréfonds de son sein, un secret capable de faire trembler l'humanité, ou du moins cette portion d'humanité qui avait à cœur les intérêts de la galerie Bender, et il le dévoila avec la brusquerie d'un bouchon quittant une bouteille de champagne.

– Le tableau, John ! C'est un faux !

Il est également probable que si John avait été moins préoccupé de sa propre tragédie, il eût compris incontinent l'importance de ce qu'on lui annonçait. Mais, en ces circonstances, il se contenta d'un regard vitreux.

– Tableau ? Quel tableau ?

Le regard de Joe Bender, aussi, devint vitreux. Ses yeux, derrière les montures en écailles de tortue, s'élargirent au maximum de leur capacité.

– Quel tableau ! répéta-t-il en écho.

Il trouvait incroyable que John, entre tous les humains, pût trouver nécessaire de poser une telle question. Il n'y avait qu'un seul tableau dans le monde.

– Le Robichaux. Celui que nous avons vendu au duc. Tu ne comprends donc pas ? C'est une copie ! C'est un faux !

Il n'eut pas besoin d'expliquer davantage la situation. John avait saisi maintenant et c'était comme si Ma Balsam, non qu'elle eût été capable d'une telle chose, s'était glissée derrière lui pour lui verser dans le cou un broc d'eau glacée. Il n'aurait jamais cru que ce fût possible, mais il cessa de penser à Linda Gilpin. Il se passa un moment appréciable avant qu'il ne retrouvât la parole et, quand ce fut fait, il posa une question oiseuse.

– Tu en es sûr ?

– Évidemment que j'en suis sûr ! Le vrai a été authentifié par Mortimer Bayliss, qui est le plus grand expert du monde. Il a dit que c'était l'original et, quand il dit qu'un tableau est original, ça finit les discussions.

John était loin de comprendre. Il était clair qu'il y avait en circulation, non pas un nu étendu dû au pinceau de feu Robichaux, mais deux nus étendus. Au-delà, il était dans le brouillard et il revint inconsciemment à sa façon professionnelle de contre-interroger un témoin.

– Explique-moi ça depuis le début, dit-il en retenant à peine un : « Voudriez-vous expliquer au jury… » D'où venait celui que tu as vendu au duc ?

– Je l'ai acheté à Paris, à un couple de Roumains qui ont une petite boutique près de la Madeleine. J'aurais dû m'en douter, continua amèrement Joe Bender. J'aurais dû me dire : « Bender, si tu étais un faussaire, où irais-tu ? » et je me serais répondu : « Dans une galerie d'art roumaine. »

– Et l'autre, l'original ?

– Mon père l'avait avant que je ne reprenne l'affaire. C'est ce qui me fait si mal. Il était là tout le temps. Je suppose que Père le gardait, en attendant de voir le marché monter.

– Alors, pourquoi ?…

– Parce qu'on l'avait envoyé se faire nettoyer. C'est pourquoi je n'en savais rien. Il est rentré ce matin. Qu'est-ce que nous allons bien pouvoir faire, John ?

– Tout expliquer au duc et lui donner l'original, je suppose.

– Pour qu'il aille raconter partout qu'on ne peut pas se fier à ce qu'on achète à la galerie Bender parce que, quand ils vendent quelque chose, c'est peut-être un faux ? Rien n'est aussi vulnérable qu'une galerie de tableaux. Elle ne

vit que sur sa réputation. C'est la dernière chose à faire.
Fatal ! Absolument fatal !

– Mais, nous ne pouvons pas prendre son argent en
échange d'un faux !

– Bien sûr que non.

– Alors ?

– Alors, nous n'avons plus qu'à le lui racheter.
Probablement le double de ce qu'il nous a payé.

– Ce n'est pas une pensée agréable.

– Je ne l'aime pas non plus moi-même.

– Et comment allons-nous lui expliquer pourquoi nous
nous transformons soudain de vendeurs en acheteurs ?

– Je n'en sais rien.

– Il pourrait bien soupçonner quelque chose et mettre
la barre encore plus haut que tu ne le dis. J'ai beaucoup
entendu parler du duc de Dunstable par mon parrain, qui
le connaît depuis des années, et l'une des choses qu'il m'a
dites est qu'il ramasse tout l'argent qu'il peut obtenir. Nous
n'aurons plus un sou quand il en aura fini avec nous. Ce
que nous devrions faire, c'est reprendre le faux et mettre
l'original à sa place.

– Oui ?

– Alors, tout le monde serait content.

– Parfait. Faire disparaître le faux et mettre l'original à
la place. Puis-je te demander quelque chose ?

– Vas-y.

– Comment ?

John trouva que c'était une bonne question et le silence
s'éternisa. Joe Bender se versa un autre whisky.

– Oui, dit-il. C'est ce que nous devons faire. Enlever
le faux et le remplacer par l'original. Mais nous ne savons
même pas où il est.

– C'est le duc qui l'a.

– Et où est le duc ?

– Au château de Blandings.

– J'espère qu'il s'amuse bien.

– Il doit avoir le tableau avec lui.

– Et rien de plus simple que de le lui prendre. Tout ce qu'il nous faut, c'est une invitation au château de Blandings.

– Mon Dieu ! cria John, si fort que sa voix pénétra jusqu'à Ma Balsam, dans sa cuisine et lui fit tristement hocher la tête car elle sentait que l'association avec monsieur Je-ne-sais-quoi corrompait son employeur.

Joe Bender s'employait à sécher son pantalon sur lequel la plupart de son whisky s'était répandu. Le hurlement de clairon l'avait fait sursauter.

– Gally ! s'écria John.

Ma Balsam secoua la tête derechef. Ce juron était nouveau pour elle, mais il avait l'air pire que zut.

– Gally est à Blandings aussi !

– Vraiment ? dit Joe Bender.

John lui avait souvent parlé de Gally et, pour la première fois, une faible lueur d'espoir s'alluma derrière les lunettes à monture en écailles de tortue.

– Tu veux dire…

– Nous pouvons placer toute l'affaire entre ses mains avec la plus grande confiance. C'est un travail tout à fait dans ses cordes. J'irai à Market Blandings à la première heure, demain matin et je lui donnerai des instructions complètes.

2

Ce ne fut cependant pas avant l'après-midi suivant que John eut la possibilité de partir pour Market Blandings. Il avait oublié qu'il devait paraître au tribunal pour le compte d'Onapoulos et Onapoulos dans leur procès contre la Compagnie des verres à bouteilles du Lincolnshire et des comtés de l'Est. Le soleil s'était encore éloigné de sa vie, car il avait perdu sa cause, été insulté par les deux Onapoulos qui pensaient que seule, l'incompétence de leur avocat les avait empêchés de gagner avec les honneurs. Quand il attrapa le train de 2 h 33 à Paddington, tous frémirent à la vue de son visage hagard. Ils pensèrent qu'il avait encore pire allure que la dernière fois qu'ils l'avaient vu.

Sa séparation d'avec Ma Balsam n'avait rien fait pour lui rendre son calme. Quand une femme maternelle à fortes tendances inquisitrices, voit un jeune homme, qu'elle a à cœur de guider, comme philosophe et comme amie, se préparer à partir en voyage le lendemain du jour de son retour, elle est naturellement curieuse. Et, quand les Ma Balsam de ce monde sont curieuses, elles n'hésitent pas à poser des questions. Le dialogue suivant eut lieu tandis que John faisait ses bagages.

– Vous allez quelque part ?

– Oui.

– Vous êtes déjà parti hier.

– Oui.

– Où allez-vous, cette fois ?

– Shropshire.

– Quoi ? Encore ?

– Oui.

– Qu'est-ce qui vous fait aller là-bas ?

– Je dois voir quelqu'un.

– Dans le Shropshire ?

– Oui.

– Où ça, dans le Shropshire ?

– Un endroit appelé Market Blandings.

– Jamais entendu parler.

– Eh bien, c'est là.

– C'est là où vous êtes allé hier ?

– Oui.

– Vous n'auriez pas évité bien des ennuis en passant la nuit là-bas ? Je suppose que ça ne vous a pas effleuré l'esprit.

– Je devais être au tribunal ce matin.

– Balsam allait souvent au tribunal quand il était parmi nous. Il y avait un flic, un qui louchait, et qui n'arrêtait pas de le pincer pour prendre des paris dans la rue. Qu'est-ce qu'il y a dans ce papier brun ?

– Un tableau.

– Vous le portez à celui que vous allez voir ?

– Oui.

– C'est moins cher de l'envoyer par la poste.

– Oui.

– Alors, pourquoi ne le faites-vous pas ?

– Oh, zut ! dit John et Ma Balsam réalisa que la mauvaise influence de monsieur Je-ne-sais-quoi progressait encore plus vite qu'elle ne l'avait supposé.

La rencontre avec Gally prit un mauvais départ. Quand le dernier des Pélicans arriva au rendez-vous, le matin suivant, il n'était pas d'humeur accueillante. Le coup de téléphone de John était arrivé alors qu'il faisait une promenade dans le parc et ses propos avaient été relayés par Beach. Tout ce qu'il savait donc était que son filleul, contrairement à ses instructions précises, était revenu aux *Armes d'Emsworth* et, naturellement, cela l'ennuyait. Aucun meneur d'hommes n'aime à voir ses ordres ignorés par un subordonné. Il salua John sans chaleur.

– Je croyais t'avoir dit de rester à Londres et de me laisser faire, dit-il.

Ses manières étaient sévères, mais John n'en fut pas ému.

– Ce n'est pas ça.

– Qu'est-ce que ça veut dire, ce n'est pas ça ?

– Que ça n'a rien à voir avec Linda.

– Rien à voir avec elle ?

– Non.

– Alors, de quoi est-il question ? demanda Gally. Si tu m'as traîné tout le long du chemin du château de Blandings, par un matin d'été étouffant, pour une broutille… Pourquoi ricanes-tu ?

John corrigea le choix de son verbe.

– Je ne ricane pas. J'ai un rire caverneux. Ton usage du mot « broutille » m'amuse. Ce n'est pas une broutille qui m'amène ici. Je suis désolé que tu aies eu chaud en marchant…

– Chaud ? Je me sens comme Shadrach, Meshach et Abednago dans leur fournaise incandescente.

-… Mais il fallait que je te voie. La chose la plus horrible est arrivée et nous avons besoin de ton aide.

– Nous ?

– Joe Bender et moi.

– Qui est Joe Bender ?

– Je te l'ai dit le soir où je suis venu chez toi. Tu ne te rappelles pas ? Il dirige la galerie Bender.

– Ah, oui. Tu as dit que tu avais mis de l'argent dedans.

– J'ai mis dedans pratiquement tout l'argent que j'avais. Et maintenant, je vais le perdre, sauf si tu viens à notre secours.

Gally le regarda, sidéré que quelqu'un pût penser qu'il possédait des liquidités. Non qu'il n'appréciât le compliment.

– Mon bon Johnny, qu'est-ce que tu veux que j'y fasse ? Dieu sait que j'aimerais t'aider, mais je n'ai qu'une pension de cadet, je ne peux pas puiser dans le capital. Je pourrais trouver vingt livres, si ça peut t'être utile, et encore, ça voudrait dire que j'aurais un découvert en banque.

John exprima sa gratitude pour cette offre, mais ajouta que Gally n'avait pas compris.

– Je ne veux pas de ton argent.

– Alors, pourquoi en demandes-tu ?

– Je n'en ai pas demandé.

– C'est pourtant ce que j'avais compris.

– Je suis désolé. Non, ce que je voudrais, c'est que tu échanges deux tableaux.

– Que je… Quoi ?

– Oui, je sais, ça a l'air bizarre, mais, en fait, c'est très simple.

– Tu pourrais peut-être t'expliquer.

– C'est ce que je vais faire.

Gally, comme il a déjà été mentionné, était meilleur narrateur qu'auditeur, mais il n'eut, en cette occasion, nulle raison de plainte dans le dernier rôle. Personne n'aurait pu être plus silencieusement attentif. Il but chaque mot de l'histoire de Johnny, sans l'interrompre et sans même ajouter, à sa conclusion, que ça lui rappelait quelque chose qui était arrivé à l'un de ses amis du Pélican Club. Tout ce qu'il dit fut qu'il serait charmé d'accomplir la tâche absurdement simple qu'on lui proposait. Rendre le faux à John, retourner au château avec l'original et le déposer dans la galerie des portraits serait, il l'assurait, un passe-temps idéal. Le temps, dit-il, était toujours un peu long à la campagne et il était reconnaissant qu'on lui donnât une occupation.

– As-tu apporté l'original avec toi ? demanda-t-il, tout animation et efficacité. Capital, capital, comme dirait Clarence. Où est-il ?

– Dans ma chambre.

– Je ne peux pas le prendre maintenant, bien sûr.

– Pourquoi pas ?

– Mon cher enfant, utilise ton cerveau ! Que dirai-je, si je rencontre Connie et qu'elle me demande ce que je pense faire, à me glisser par là avec un énorme tableau sous mon bras ? Je ne saurais pas quoi répondre. Non. La discrétion est essentielle.

– Oui, tu as raison.

– C'est une chose qu'il faut faire au cœur de la nuit, plus ce sera au cœur, mieux ce sera. Nous devons arranger un rendez-vous. Où pouvons-nous nous rencontrer ? Pas dans la chapelle en ruine, bien sûr, parce qu'il n'y a pas de chapelle en ruine. Et les autres endroits que je pourrais nommer ne voudraient rien dire pour toi, puisque tu ne connais pas les lieux. Je pense que je vais marcher en cercle un moment pour réfléchir, si tu n'y vois pas d'objection.

Il obtint la permission, marcha en cercle un moment et dut réfléchir convenablement car, en terminant son onzième circuit, il annonça qu'il avait trouvé.

– La porcherie !

– La quoi ?

– La résidence bijou du super cochon de mon frère Clarence. L'Impératrice de Blandings. Le local idéal car, aussi noire que fût la nuit, l'arôme particulier de la vieille fille t'y mènera directement. C'est près du potager. Va là et renifle et puis, suis ton nez. Il y avait une chanson populaire avant ta naissance dont le refrain commençait par ces mots : « ça sent pas la lavande ». Elle aurait pu être écrite exprès pour l'Impératrice. Ses meilleurs amis ne le lui disent pas, mais elle souffre de mauvaise haleine. Comment va ton sens de l'odorat ? Affûté ? Alors, tu ne peux pas la rater. Et nous devons faire ça ce soir, parce que le temps est important. Dunstable a acheté ce tableau dans l'intention de le vendre à un Américain nommé Trout. Trout est arrivé ici hier. Aussitôt qu'ils auront conclu l'affaire, il va sans doute s'en aller et, avec lui, notre chance de faire l'échange. Aussi, rencontre-moi à la porcherie de l'Impératrice, ce soir, à minuit et je m'occuperai du reste.

Un spasme de remords tardif accabla John. Pour la première fois, il s'aperçut que, quelle que soit la légèreté avec laquelle Gally parlait de cette tâche qu'il décrivait comme absurdement simple, il demandait beaucoup au plus accommodant des parrains.

– Je n'aime pas te demander une chose pareille, Gally.

– Mais, mon cher enfant, ça va m'amuser.

– Minuit, ce n'est pas trop tard pour toi ?

– Le début de la soirée.

– Suppose que tu sois pris.

– Je ne serai pas pris. Je ne me fais jamais prendre. On m'appelle l'Ombre.

– Eh bien, je ne peux pas te dire à quel point je te suis reconnaissant. Je te devrai beaucoup.

– Cependant, il doit y avoir autre chose.

– Oui, John s'étrangla comme affligé d'une soudaine bronchite. As-tu… As-tu… As-tu, par hasard, parlé avec elle ?

– Pas encore. Je prends mon temps. Il ne faut pas hâter ce genre de choses. Pour discuter avec une poupée furieuse, l'homme avisé attend qu'elle se soit un peu calmée.

– Comment… Euh… Comment est-elle ?

– Physiquement, en pleine forme. Spirituellement, pas trop bien. Elle a besoin d'un traitement approprié. Tu dois être patient, te dire que son envie actuelle de te jeter dans l'huile bouillante va finir par passer. Le temps est un grand médecin, et tout ça. Alors, pour ce soir, tu as mémorisé le plan ? Très bien. Alors, je vais te quitter. Nous nous rencontrerons à minuit pile. Reste caché jusqu'à ce que tu entendes le hululement de la chouette blanche, et puis, arrive en courant. Je pense pouvoir faire parfaitement la chouette blanche, mais, sinon, je ferai la brune.

CHAPITRE SEPT

1

L'horloge surmontant l'étable sonnait le quart, le dernier quart d'heure avant minuit, quand Gally sortit de la galerie des portraits en portant le faux nu étendu. Il avait chaussé des souliers à semelles de crêpe et marchait doucement, comme il convient à un homme engagé dans une mission périlleuse. Prudemment, car l'escalier de chêne était glissant, il se fraya un chemin vers le hall et jusqu'à la porte principale qui se trouvait au bout et, ouvrant les verrous que Beach avait bouclés avant de passer le plateau de boissons au salon à neuf heures trente, il sortit dans la nuit. En marchant, il pensait aux années passées. Il se souvenait, quand son cœur était jeune et que chaque membre du sexe opposé lui semblait valoir un million de dollars, à ces soirs où il se glissait dans les ténèbres pour échanger des idées avec une fille nommée Maud, maintenant grand-mère.

Arrivé à destination, il n'eut nul besoin d'imiter le hululement de la chouette blanche, car, avant qu'il ne pût montrer sa virtuosité, John sortit de l'ombre.

– Je croyais que tu n'arriverais jamais, dit John d'un ton irrité.

Il n'était pas habitué à ce genre de choses et avait les nerfs à fleur de peau. Il avait atteint la porcherie à onze heures quinze et il lui semblait qu'il était là, à inhaler le parfum de l'Impératrice, depuis son enfance.

Avec sa suavité coutumière, Gally lui fit remarquer qu'il n'était pas en retard mais, si on pouvait faire confiance à l'horloge, en avance de quelque dix minutes. John s'excusa. Il expliqua que l'obscurité l'avait mis mal à l'aise et Gally admit que l'obscurité avait son côté impressionnant.

– Mais, on ne peut pas faire ces choses en plein jour. Je me rappelle avoir dit ça à Bill Bowman, un de mes amis du temps des Pélicans. Il était amoureux d'une poupée que ses parents tenaient bouclée dans leur résidence familiale, quelque part dans le Kent. Bill voulait lui faire passer une lettre, qui lui demandait de se glisser dehors et de se sauver avec lui, et son idée était de se cacher dans les jardins jusqu'à ce qu'un jardinier s'amène et de le soudoyer pour qu'il la lui transmette. Je lui ai dit que c'était une grave erreur.

– Tu crois que nous devrions rester là, à bavarder ? intervint John.

Mais Gally poursuivit son récit. Il n'était jamais facile, presque impossible, même, de l'arrêter quand il était lancé.

– « Fais ça la nuit, lui ai-je conseillé. Tu sais où est sa chambre. Grimpe le long de la gouttière jusqu'à sa fenêtre, après avoir jeté du gravier dessus, sur la fenêtre, bien sûr, pas sur la gouttière, et explique-toi, face à face. » Eh bien, il a fait des objections stupides, disant que grimper aux gouttières n'était pas bon pour les pantalons, des choses frivoles de ce genre-là, et il a persévéré dans son plan. Et le jardinier, qui se trouva, bien entendu, être le père de la fille, le poursuivit immédiatement en brandissant une fourche. Mais avant, il s'était jeté sur le pourboire.

Bill m'a souvent dit que ce qui lui faisait le plus de mal, c'était d'avoir payé une livre pour être chassé à travers une haie, au bout d'une fourche de jardinier. C'était un type qui aimait en avoir pour son argent. Maintenant, tu vois ce que je veux dire quand j'affirme qu'il vaut mieux faire ces choses la nuit. Au fait, en parlant de lettre, tu n'as pas pensé à écrire à ta poupée ?

John se raidit un peu.

– Dois-tu vraiment l'appeler ma poupée ?

Son ton blessa Gally. Il n'avait pas conscience d'avoir usé d'un terme offensant.

– Je dois bien l'appeler d'une façon ou d'une autre.

– Tu pourrais essayer miss Gilpin.

– C'est trop formel. En tout cas, tu sais ce que je veux dire. Pourquoi ne pas lui écrire un mot ?

John secoua la tête. Un geste perdu, bien sûr, d'un homme enveloppé de ténèbres à un autre homme, également enveloppé de ténèbres.

– Ça ne donnerait rien de bon. Je dois la voir.

– Oui, en y réfléchissant, tu as raison. Dans ma jeunesse, j'ai toujours pensé que, quand je voulais faire fondre le cœur d'un bookmaker et lui demander d'attendre son argent une autre semaine, il était essentiel de conférer avec lui en personne, pour pouvoir lui masser le haut du bras et lui enlever des peluches de la manche. Sans doute le même principe s'applique-t-il quand on veut ramener une fille dans une ligne de pensée correcte. À tout moment, tu peux vouloir tendre la main vers elle, la prendre dans tes bras, couvrir de baisers son visage renversé et ça ne peut pas se faire par correspondance.

John frémit. Ces mots éloquents lui avaient présenté une image qui l'émouvait profondément.

– Je suppose qu'il t'est vraiment impossible de me faire entrer dans le château.

La note suppliante dans sa voix, si semblable à celle qui passait dans la sienne jadis quand il parlait affaires avec les comptables du turf, déchira le cœur sensible de Gally. Il eût donné beaucoup pour pouvoir offrir quelques mots de réconfort, mais il ne fallait pas encourager d'espoirs fallacieux.

– Comme un de mes amis, c'est absolument impossible. Tu n'aurais même pas besoin de prendre la peine de passer la porte d'entrée. « Jetez cet homme dehors ! » crierait Connie aux valets et aux marmitons à son service, et elle ajouterait : « Je veux le voir rebondir deux fois. » La seule chose qui te permettrait de rester sur les lieux plus de dix minutes, ce serait de te coller des fausses moustaches et de dire que tu viens inspecter les douves. Ce qui me rappelle un copain des Pélicans, qui a fait ça une fois et…

Mais l'histoire du copain Pélican qui, sûrement pour les meilleures raisons du monde, s'était collé des vibrisses de léopard et avait montré de l'intérêt pour les systèmes de drainage, ne devait pas être narrée avec la diligence coutumière à Gally quand il était en période de réminiscence. Il a été prouvé plus d'une fois au cours de cette chronique que c'était un homme difficile à stopper, mais l'une des choses qui pouvaient l'arrêter dans un moment comme celui-ci était la vue d'une torche perçant l'obscurité dans sa direction. Il s'interrompit sur le mot « et » comme si quelque auditeur, peu féru d'anecdotes, l'avait attrapé à la gorge.

John, lui aussi, avait vu la torche et un seul regard dans sa direction suffit à lui donner une activité immédiate. Il partit comme le vent et Gally ne perdit pas de temps à suivre son astucieux exemple. Aussi hilarante que fût l'histoire du Pélican moustachu, il ne ressentait aucune envie de s'attarder pour la raconter au porteur de torche. Mieux encore, il décida de filer pendant qu'il le pouvait. John et lui avaient depuis longtemps échangé les nus étendus et rien ne le retenait donc plus.

Retournant à la maison par un chemin détourné, il eut soin de refermer les verrous de la porte d'entrée, n'ayant aucune envie de blesser les sentiments de Beach en le laissant supposer, quand il ferait sa ronde matinale, qu'il avait omis une part si importante de ses devoirs. Cela fait, il grimpa l'escalier jusqu'à sa chambre.

Elle était dans le même corridor que la galerie des portraits, mais il ne se rendit pas là immédiatement. Raccrocher la peinture était une chose qui pouvait être faite n'importe quand dans les six prochaines heures, et la nuit humide l'avait fait transpirer. La première chose qu'il voulait, c'était un bain. Il prit sa grande éponge et se mit en route le long du couloir.

2

C'était Lord Emsworth qui avait été cause de la brutale interruption de l'histoire du copain Pélican. D'habitude à cette heure, il était endormi dans son lit, mais ce soir la perturbation de son âme l'avait tiré d'entre ses draps comme si quelque chose l'avait piqué à travers le matelas. Il était consumé d'inquiétude à propos de l'Impératrice. Bien que, comme il l'avait dit à Vanessa, depuis la sinistre histoire de la pomme de terre, monsieur Banks, le vétérinaire, lui eût plusieurs fois assuré que le noble animal était en sa forme de saison et qu'il ne fallait pas s'inquiéter pour elle, il était toujours aussi mal à l'aise. Bien que monsieur

Banks fût un expert reconnu dont les talents professionnels méritaient les louanges de bien des hommes, il pouvait, pour une fois, s'être trompé. Ou bien, il pouvait avoir reconnu les symptômes d'une maladie fatale et, ne voulant pas lui causer d'anxiété, ne lui en avait pas parlé.

Ces spéculations l'avaient tenu éveillé et quand, à la fin, il s'était assoupi, cela n'avait rien amélioré. Le sommeil, qui se prétend à même de raccommoder les déchirures de la journée, ne lui avait apporté que le cauchemar le plus dérangeant. Il avait rêvé qu'il était allé à la porcherie, joyeux par avance du merveilleux spectacle qu'il allait y trouver, et qu'il y avait vu une Impératrice mince, décharnée, dont on pouvait compter les côtes et dont l'aspect général était celui d'un cochon ayant subi, pendant des semaines, un entraînement des plus rudes, le genre de cochons qui grimpent le Matterhorn et qui gagnent la marche annuelle du Stock Exchange, de Londres à Brighton.

Dans un état d'esprit moins préoccupé, il aurait pu, en arrivant à la porte d'entrée, s'étonner de la trouver déverrouillée, mais dans son anxiété, il ne remarqua pas ce phénomène et poursuivit son chemin. C'était plus par concession à l'heure tardive que par besoin de lumière pour le guider, qu'il avait pris une torche. Quand il l'alluma, il devint instantanément le centre d'attraction d'une foule bruyante de moucherons, papillons et moustiques, qui se rassemblent en bandes et ne se couchent que fort tard dans les districts ruraux. Ils paraissaient avoir attendu qu'un camarade aimable vînt stimuler leur réunion nocturne et rien n'eût pu être plus enthousiaste que l'accueil qu'ils lui firent. Il avalait son sixième moucheron quand il arriva à la porcherie où il s'arrêta, emplissant ses poumons de la senteur familière.

La nuit était très tranquille. De quelque part, dans le lointain, vint le faible son d'une automobile attardée tournant le coin de Shrewsbury Road, tandis que, plus près de lui, il entendit, *sotto voce*, quelque chose qui pouvait être le hululement de la chouette blanche, à moins que ce ne fût la brune. Mais, de la porcherie, même pas un grognement, ce qui, pendant un moment, accentua son malaise. Puis la raison lui montra qu'on pouvait difficilement s'attendre à des grognements à cette heure. Pour Galahad, dont les années de formation s'étaient passées au Pélican Club, c'était peut-être le début de la soirée, mais il était bien trop tard pour qu'un cochon aux habitudes régulières comme l'Impératrice soit debout et en train de grogner. Elle faisait, bien sûr, ses huit heures dans son abri couvert.

Il éprouva un besoin impérieux de la voir et n'essaya pas d'y résister. Monter sur la barrière fut pour lui, comme on dit, l'affaire d'un instant, glisser, perdre l'équilibre, se prendre le pied dans le grillage et tomber, face contre terre, dans la boue, l'affaire d'un autre instant. Humide, mais pas découragé, il se releva et arriva sans autre mésaventure au bout de son voyage où une vision fascinante le récompensa de sa persévérance. Allongée sur son lit de paille, respirant doucement par le nez, l'Impératrice jouissait de son habituel sommeil réparateur, et un regard suffit pour qu'il comprît l'inanité de son rêve. Depuis trois ans, elle gagnait la médaille d'argent au Concours annuel de l'Exposition agricole du Shropshire et il était évident que, si elle s'était présentée au concours en ce moment, le cri : « Le vainqueur et toujours champion ! » eût été sur les lèvres de tous les juges. Jules César, qui aimait que les hommes qui l'entouraient, et probablement aussi les cochons, fussent gras, l'aurait accueillie sans hésitation parmi le cercle de ses intimes.

Le neuvième comte s'était embarqué pour son périple le cœur assombri par des peurs sans nom, mais il était d'humeur joyeuse quand il s'en retourna. Ce regard sur l'Impératrice, tout bref qu'il avait été, avait eu sur son moral un effet des plus revigorants. Tout était, pensait-il, pour le mieux dans le meilleur des mondes et ce ne fut qu'en atteignant la maison qu'il fut obligé de modifier cette opinion. Tout aurait été pour le mieux dans le meilleur des mondes possibles, si quelqu'un, en son absence, n'avait verrouillé la porte d'entrée.

3

Ce n'est jamais une expérience agréable, pour un propriétaire, de se trouver enfermé, tard dans la nuit, à l'extérieur de sa maison, et on ne peut pas lui en vouloir s'il permet à cet événement de le déconcerter. Bien sûr, si c'est un homme au caractère déterminé, il y a un moyen simple de se sortir de cette situation, à condition d'avoir les poumons en bon état. Bien des années auparavant, le père de Lord Emsworth, en face d'une telle occurrence à son retour matinal du dîner annuel des Loyaux fils du Shropshire, avait résolu le problème en criant avec toute la force d'une voix qui, même en ses moments les plus calmes, ressemblait toujours à celle d'un porteur de toast à la fin d'un banquet. Il avait aussi frappé sur la porte avec son bâton ferré et, en un rien de temps, tous les habitants du château, à l'exception de ceux qui avaient fait une crise de nerfs, s'étaient rassemblés à la porte et l'avaient fait entrer. Alors, après avoir jeté son bâton sur le majordome, après un bref juron final, il était allé se coucher.

Son fils et héritier qui regardait, hagard, la porte à travers son pince-nez, n'avait pas cette ressource. Comme tant de pères victoriens, son père avait eu, pour l'encourager, la certitude d'être maître chez lui et de n'avoir aucun reproche à encourir le lendemain d'une femme qui sautait verticalement à six pieds de hauteur quand il lui adressait brusquement la parole. Son successeur au comté n'était pas aussi fortuné.

La pensée de ce que dirait Connie si elle était sortie de son sommeil par des cris dans la nuit paralysait Lord Emsworth. Il resta là, congelé. L'impression qui prévalait parmi les moucherons, les papillons et les moustiques, qui l'avaient accompagné sur le chemin du retour, était qu'il avait été changé en statue de sel, et ce fut une grande surprise pour eux quand, au bout de peut-être cinq minutes, il bougea, s'étira et sembla sentir la vie revenir dans ses membres. Il avait soudain pensé que, par une nuit chaude comme celle-ci, le duc avait certainement laissé ouverte la porte-fenêtre de l'appartement du jardin. Et, bien que Lord Emsworth eût été la dernière personne à prétendre être un acrobate et la première personne à confesser son incapacité à faire preuve d'agilité en montant le long des gouttières jusqu'aux chambres du second étage, il se pensait capable d'entrer par une porte-fenêtre du rez-de-chaussée. Avec le sentiment qu'il touchait à une fin heureuse, il contourna la maison et là, comme il l'avait prévu, se trouvait l'appartement du jardin dont la fenêtre hospitalière était aussi ouverte qu'une fenêtre peut l'être.

Elle l'attira comme un aimant. Mais elle eut aussi, bien qu'il n'en fût pas conscient, la même attraction pour l'un des chats qui vivaient le jour dans les étables et se promenaient de çà de là la nuit. Curieux comme le sont les chats, il avait été intrigué par cette fenêtre ouverte et voulait savoir ce qu'il y avait derrière. Au moment où Lord Emsworth franchissait le seuil sur la pointe des pieds, il enquêtait sur l'une des chaussures du duc qui avait été oubliée sur le sol et n'y trouvait pas l'intérêt attendu par un chercheur d'aventures.

Les jambes de Lord Emsworth, arrivant soudain derrière lui, lui semblèrent offrir plus d'espoir d'amusement, en lui apportant la touche humaine. Elles avaient une odeur particulière, plutôt attirante pour un chat, et, comme il était d'humeur affectueuse, il aimait toujours avoir un homme contre lequel se frotter. Abandonnant la chaussure, il posa, d'un mouvement brusque, sa tête sur la robe de chambre de Lord Emsworth et ce dernier, plein de la même émotion que celle qu'il avait ressentie dans son enfance quand un condisciple facétieux, s'étant glissé derrière lui dans la rue, avait fait retentir un klaxon dans son oreille, exécuta l'un de ces sauts latéraux qui ont fait la gloire de Nijinski. Il s'ensuivit le craquement qu'aurait produit un taureau actif dans un magasin de porcelaine.

On se souviendra que Lady Constance, ayant appris par le duc qu'il se proposait d'occuper l'appartement donnant sur le jardin, s'était hâtée de s'assurer que tout y serait comme il aimait. Parmi les choses qu'elle avait apportées pour lui plaire se trouvait une table de marqueterie sur la surface de laquelle étaient déposés une pendule, un bol de pétales de roses, un autre bol contenant un pot-pourri de parfums, un calendrier, un cendrier et une photo de James Schoonmaker et d'elle-même en toilette de mariage. C'est avec tout cela que Lord Emsworth entra en collision en effectuant son entrechat, causant le vacarme décrit plus haut.

Le bruit avait à peine cessé que les lumières s'allumèrent, révélant le duc en pyjama citron à rayures pourpres. Le duc de Dunstable, bien que trop protubérant d'yeux et beaucoup trop moustachu pour la plupart des goûts, n'était nullement poltron. Beaucoup d'hommes, conscients que leur intimité était envahie par des maraudeurs nocturnes, auraient tiré les draps par-dessus leur tête et seraient restés tranquilles, espérant que, s'ils ne bougeaient pas, les intrus s'en iraient, mais il était d'un autre bois. Il s'enorgueillissait d'être un homme qui n'acceptait rien de personne, et il n'aurait jamais supporté de laisser une bande de fichus cambrioleurs organiser une partie de football informelle à la porte de sa chambre. Armé, faute de moyen de défense plus approprié, d'une bouteille ayant contenu de l'eau minérale, il fit irruption sur la scène avec la détermination d'un Assyrien arrivant comme le loup dans la bergerie.

Son esprit militant fut vexé par le manque d'opposition. Il était venu pour attaquer de sa bouteille un gang de cambrioleurs et voilà qu'il n'y avait aucun cambrioleur à attaquer. Seulement son hôte avec, sur le visage, un sourire timide. Mis en présence du fait que celui-ci se promenait dans sa chambre à une heure du matin, dans l'unique but apparent de danser tout seul dans l'obscurité, il trouva l'opinion qu'il s'était formée sur cet homme singulièrement renforcée. Ce type était timbré.

Lord Emsworth, bien qu'il eût fortement envie de tout laisser tomber, ne put s'empêcher de penser qu'un mot d'explication était nécessaire et que c'était à lui d'entamer la conversation. Avec un autre sourire timide, il dit :

– Euh... Bonsoir, Alaric.

Le salut était mal formulé. Même un argotique « Ohé ! » ou « Hello ! » aurait eu plus de chance d'amollir le duc. Ce fut sans aucune amabilité qu'il répondit :

– Bonsoir ? Qu'est-ce que vous voulez dire par « Bonsoir » ? On est au milieu de cette fichue nuit. Que diable faites-vous ici ?

Quelque chose avait averti Lord Emsworth que cette entrevue risquait d'être difficile. Il lui semblait maintenant évident que le quelque chose en question savait de quoi il parlait.

– Je passais juste par ici, en route pour ma chambre. Je crains de vous avoir dérangé, Alaric.

– Bien sûr, que vous m'avez dérangé.

– Je suis désolé. J'ai renversé une table. C'était vraiment involontaire. J'ai été effrayé par le chat.

– Quel chat ? Je ne vois aucun chat.

Lord Emsworth chercha autour de lui avec le regard vague qui exaspérait tant ses sœurs Constance, Dora, Charlotte, Julia et Hermione. Il lui fallut plutôt plus longtemps que ne l'espérait le duc pour se rendre compte du manque de chat dans la pièce.

– Il doit être parti.

– S'il a jamais été ici.

– Oh, il y était.

– Que vous dites !

Durant ce dialogue, le duc, avec l'idée de ramasser la table, la pendule, le bol, l'autre bol, le cendrier, le calendrier et la photo de mariage de Lady Constance et de son époux, s'était rapproché de son visiteur et plus il approchait plus le sentiment qu'il avait depuis quelque temps s'accentuait. Il s'arrêta, renifla et fit une intéressante découverte.

– Emsworth, dit-il, vous puez comme l'enfer.

Lord Emsworth, aussi, avait conscience de son arôme. Un soupçon de fumier nouveau, à son avis.

– Vous vous êtes roulé dans quelque chose.

La lumière se fit dans l'esprit de Lord Emsworth.

– Ah, oui. Oui, oui, oui. Oui, tout à fait. Je sens la porcherie, Alaric.

– Vous sentez quoi ?

– Je suis allé voir l'Impératrice. J'ai glissé et je suis tombé dans la porcherie. C'était un peu boueux.

Depuis le début de la conversation, le duc avait soufflé sur sa moustache à de nombreuses occasions mais jamais avec la vigueur que provoqua cette affirmation. Il l'envoya voler comme si son but avait été de la déraciner. Il a souvent été dit, dans ces chroniques, qu'il avait de grandes oreilles décollées, un peu du genre des anses des amphores grecques. Nous les mentionnons à ce moment parce qu'il n'arrivait pas à les croire. Ce fut d'une voix presque craintive qu'il demanda :

– Vous êtes allé voir votre satané cochon à cette heure de la nuit ?

Lord Emsworth fut évidemment peiné d'entendre ainsi décrire la triple médaillée de l'Exposition agricole du Shropshire, mais il n'était pas en position de protester.

– C'est pourquoi je me trouve dans votre chambre, Alaric. J'étais enfermé dehors, et votre fenêtre était ouverte.

Le duc luttait encore avec les faits qu'on lui présentait. Il essayait de leur trouver un sens.

– Pourquoi êtes-vous allé voir votre satané cochon à cette heure de la nuit ?

Lord Emsworth pouvait répondre à cela.

– J'avais rêvé d'elle. J'avais rêvé qu'elle avait maigri.

Un étrange son guttural échappa au duc. Ses yeux s'exorbitèrent, ses moustaches atteignirent ses narines. Il passa la main sur son front.

– Et c'est pour ça que… À cette heure de la nuit…

Il s'interrompit, comme s'il comprenait qu'aucun mot n'était capable de décrire l'événement.

– Vous feriez mieux d'aller vous coucher, dit-il enfin.

– Oui, c'est vrai, admit Lord Emsworth.

Il n'était pas souvent d'accord avec Alaric, mais il l'était cette fois.

– Bonne nuit, Alaric. J'espère que vous êtes bien, ici.

– J'y suis très bien quand personne ne vient renverser les meubles au milieu de la nuit.

– Parfait, fit Lord Emsworth. C'est vrai. Vrai, vrai, vrai. Oui, bien sûr, exactement.

Il sortit et monta l'escalier, accompagné par une riche odeur de cochon, mais il n'alla pas directement à sa chambre. À mi-chemin, une pensée lui était venue. Il comprit qu'il avait peu de chance de trouver le sommeil sauf s'il calmait ses esprits énervés en lisant un bon livre, de fort intérêt porcin, et il en avait laissé un, très bien écrit sur son sujet favori, dans la galerie des portraits ce matin, quand il était allé contempler l'image de cette jeune femme qui lui rappelait tellement l'Impératrice. Il serait heureux de la revoir.

Il entra et alluma la lumière.

4

C'était bientôt l'heure, pensait Gally en sortant tout frais et rose de la salle de bains, d'aller remettre le tableau à sa place. Après, il n'aurait plus à y penser et il pourrait réfléchir à d'autres sujets. En se frayant un chemin dans l'obscurité, il ressentait l'agréable joie qui récompense l'homme de bonne volonté qui rend service à ses semblables. Il y avait encore beaucoup à faire avant qu'on pût dire les affaires de Johnny en ordre parfait, mais il avait ôté, ou il allait ôter, l'un des fardeaux qui pesaient sur lui. Plus de danger, maintenant, que la ruine ne menaçât la galerie Bender dans laquelle le pauvre petit avait tant d'intérêts financiers. Il n'y avait plus d'inquiétude à avoir et quelques mots bien choisis de la part de celui qui, en son temps, avait fait pleurer des bookmakers, arrangeraient ce qui concernait la poupée incandescente.

Alors qu'il méditait, avec peut-être un rien de suffisance, sur la chance de son filleul d'avoir un aîné aussi sage auquel faire appel dans la difficulté, quelque chose qu'il ne s'attendait pas à voir le fit s'arrêter brusquement. Sous la porte de la galerie des portraits, un rayon de lumière brillait, indiquant que d'autres que lui vagabondaient cette nuit. Il recula. Il était évident qu'il devrait poursuivre cette mission avec un esprit moins nonchalant qu'il ne s'y était attendu. Il serait nécessaire d'être sournois et rusé. Avec cette idée à l'esprit, il se retira de quelques pas, vers un endroit où l'obscurité le cacherait quand émergerait son camarade rôdeur.

Quant à l'identité du rôdeur et ses motifs pour visiter la galerie des portraits à une telle heure, il était complètement dans le noir. Il rejeta l'idée que ce pût être le fantôme du château de Blandings. Les fantômes bien entendu aiment les heures tardives, mais ils n'allument pas la lumière électrique. Le fantôme du château de Blandings, s'il se rappelait correctement les histoires qu'il avait entendues dans son enfance, se promenait avec sa tête sous le bras, ce qui était un handicap pour un spectre voulant admirer des tableaux. Il venait de conclure que le mystère était insoluble quand la porte s'ouvrit et que Lord Emsworth sortit puis commença à descendre l'escalier à une vitesse impressionnante. En le regardant, Gally se souvint de la nuit où, voulant le distraire des ennuis qu'il avait à l'époque, lui et un autre altruiste avaient glissé dans la chambre de leur ami Plug Balsham, après qu'il se fut couché, un cochon couvert de peinture phosphorescente et étaient allés frapper le gong. Plug, descendant les marches trois par trois, avait montré la même agitation qu'exhibait maintenant Lord Emsworth. Il se demanda ce qui était arrivé pour inquiéter si profondément son frère.

Cependant, il n'était pas l'heure de rester là, à réfléchir aux causes premières. Il y avait du travail à faire. La galerie des portraits étant inoccupée, il se hâta d'y entrer, accrocha le nu étendu et retourna à sa base. Il se délassait là, avec une cigarette et un roman à suspense, quand on frappa à la porte et Lord Emsworth passa sa tête dans l'entrebâillement. Il semblait encore agité.

– Oh, Galahad, dit-il. Je suis si content que tu sois éveillé. J'avais peur que tu ne dormes.

– Aussi tôt ? Ça aurait vraiment été inhabituel. Assieds-toi, Clarence. Ravi que tu sois passé. Qu'y a-t-il ?

– Je viens d'avoir un choc, Galahad.

– Rien de meilleur, dit-on, pour les glandes surrénales.

– Et je viens te demander ton avis.

– Il est à ta disposition, comme toujours. Quel semble être le problème ?

– Je me demande si je dois le lui dire cette nuit.

– Dire à qui ?

– Alaric.

– Lui dire quoi ?

– Que son tableau a été volé. J'étais dans la galerie des portraits à l'instant, et il a disparu.

– Disparu ? Tu m'étonnes, Clarence. Tu veux dire qu'il n'était plus là ?

– Exactement. Ma première impulsion a été d'aller en informer Alaric immédiatement.

– Bien entendu.

– Mais, quand j'ai eu atteint sa porte, je me suis mis à hésiter. Tu vois, malheureusement, j'ai dérangé son sommeil il y a un moment, et il était plutôt hors de lui.

– Comment est-ce arrivé ?

– J'étais allé voir l'Impératrice, et, pendant que j'étais dans la porcherie…

– Dans la porcherie ?

– Oui. Elle était couchée et je suis entré, et je suis tombé dans la porcherie.

– Il me semblait bien avoir remarqué quelque chose. Tu devrais ouvrir un peu plus la fenêtre. Mais, tu disais ?

– Quand je suis rentré, j'ai découvert que quelqu'un avait poussé les verrous de la porte d'entrée.

– Mais, qui pourrait bien avoir fait ça ?

– Et la porte-fenêtre d'Alaric était ouverte, et tout aurait été parfait, s'il n'y avait pas eu le chat.

– Chat ?

– Un chat a cogné ma jambe avec sa tête, alors j'ai sauté et j'ai renversé une table. Ça a fait beaucoup de bruit et Alaric est sorti de sa chambre et il a refusé de croire qu'il y avait eu un chat. C'était très désagréable.

– Je l'imagine.

– Et je suis venu te demander si tu penses qu'il est absolument nécessaire de le réveiller à nouveau.

Gally réfléchit. Il était, bien sûr, très simple pour lui de mettre l'esprit de son frère en repos en disant : « D'abord, mon cher Clarence, allons dans la galerie des portraits nous assurer par nous-mêmes que tu ne fais pas erreur en supposant que le tableau a disparu. Ces illusions d'optique ne sont pas rares. Il est peut-être accroché à son clou, tranquille comme Baptiste. »

Mais il ne pouvait pas se cacher combien il serait amusant de faire éveiller une seconde fois un duc déjà hors de lui et d'observer ses réactions. Et comme ce serait bon pour ses glandes surrénales. Vivant une vie placide, là-bas, dans le Wiltshire, ne voyant personne qu'un tas de voisins enquiquinants, ses glandes surrénales n'étaient pas stimulées, d'un bout à l'autre de l'année. Il était humain de saisir l'opportunité de leur donner un coup de fouet.

– Je le pense, Clarence. Je crois fermement que nous devons le lui dire tout de suite.

– Nous ?

– Je viens avec toi, bien entendu. Pour t'apporter mon soutien moral.

– Tu viendrais ?

– Bien sûr.

– Tu es très gentil, Galahad.

– J'essaie de l'être. Je crois qu'il ne faut pas tout laisser aux scouts.

5

Il n'avait pas fallu longtemps au duc pour se rendormir. C'était l'un de ces heureux hommes qui n'ont pas besoin de compter des moutons mais qui s'assoupissent dès que

118

leur tête touche l'oreiller. Bien qu'il ne se fût passé que quelques instants depuis le départ de Lord Emsworth, des ronflements sonores sortaient de sa chambre quand les deux visiteurs entrèrent dans l'appartement du jardin. Ils cessèrent brusquement quand Gally martela la porte avec la chaussure qui avait si peu intéressé le chat récent, accompagnant son geste d'un aimable : « Sors de là si tu n'es pas mort ! »

Le duc s'assit. Sa première impression fut que la maison était en feu, mais il révisa cette opinion quand Lord Emsworth, appliquant ses lèvres au trou de serrure, bêla :

– Pouvez-vous nous consacrer un instant, Alaric ?

Bien que rien n'eût pu être prononcé plus poliment que cette requête, elle le sortit du lit d'un seul bond, empli de pensées homicides. Cet Emsworth qu'il était bien sûr de ne plus revoir cette nuit et qui lui faisait une seconde visite était selon lui plus qu'un homme n'en pouvait endurer. Et quand, ouvrant la porte à la volée, il constata que Gally était présent, les mots, et ce fut peut-être heureux, lui manquèrent. Ce fut Gally qui entama la conversation.

– Un très cordial bonjour à vous, Dunstable, dit-il. Vous avez l'air étonnamment heureux et en forme. Mais je crains que votre humeur pétillante ne s'attriste un peu en entendant ce que nous venons vous dire. Clarence a une histoire étonnante à vous raconter. Raconte ton histoire étonnante, Clarence.

– Euh… bafouilla Lord Emsworth.

– Ce n'est pas tout, affirma Gally au duc. Il y en a plus que ça. Et l'intérêt dramatique va croissant quand elle avance.

– Savez-vous l'heure qu'il est ? demanda le duc retrouvant la parole. Il est deux heures du matin !

Gally rétorqua qu'il supposait qu'il était quelque chose comme cela. Il avait encore, ajouta-t-il, une heure ou deux avant de se mettre au lit, car rien n'était meilleur pour la santé que de se coucher tôt. Demandez à n'importe quelle sommité médicale de Harley Street.

– Mais d'abord, l'histoire étonnante. Comme Clarence montre une tendance à se mélanger dans sa tirade, peut-être gagnerions-nous du temps si je faisais la narration. Nous vous apportons de bien graves nouvelles, Dunstable, des nouvelles qui vont vous sidérer et faire dresser chacun de vos cheveux, droit comme une quille, sur votre irritable caboche. Vous savez, votre tableau, celui de la colonie de nudistes réduite à une unité ?

– Deux heures du matin ! Plus de deux heures ! Et vous venez…

– Il était dans la galerie des portraits. Notez mon choix du temps. J'use délibérément du passé. *Il était* dans la galerie des portraits, mais pas *il est*. Comme on dit, Annie ne vit plus ici…

– De quoi diable parlez-vous ?

– C'est tout à fait vrai, Alaric, renchérit Lord Emsworth. Je viens d'aller dans la galerie des portraits pour chercher un livre que j'y avais laissé, et le tableau avait disparu. J'ai eu un choc. J'ai été abasourdi.

– Quelle conclusion, alors, reprit Gally, pouvons-nous en tirer ? S'il faut en croire la déposition du témoin Clarence, quelqu'un qui apprécie les nus étendus doit l'avoir fauché.

– Quoi ?

– Raisonnez vous-même !

Pendant un moment, l'ahurissement fut la seule émotion visible sur le visage du duc. Puis il se changea en un juste courroux. Il n'était pas homme à être souvent frappé par des idées, mais l'une d'entre elles venait de le frapper avec la force d'une balle et, dans ces circonstances, ce n'était pas étonnant. Il n'était pas besoin d'être Sherlock Holmes pour résoudre cette affaire. Le docteur Watson aurait pu le faire facilement. Devenant aussi pourpre que les rayures de son pyjama, il s'étrangla deux fois, souffla sur sa moustache, permit à ses yeux de protubérer à la façon popularisée par les escargots et, d'une voix de tonnerre, émit ce seul mot :

– Trout !

Puis, comme s'il avait peur de ne pas s'être suffisamment fait comprendre, il ajouta :

– Trout ! Qu'il soit maudit ! Trout ! Le chien voleur ! Trout ! L'immonde serpent fripon ! J'aurais dû m'en douter. J'aurais dû penser qu'il mijotait quelque chose comme ça. Il ne veut pas payer pour l'avoir, comme un gentleman, alors il le vole. Mais, s'il pense qu'il va s'en tirer comme ça, il se trompe lourdement. Je vais le taxer pour son crime. Je vais lui faire rendre mon tableau, même si je dois lui planter des allumettes enflammées entre les doigts de pied.

Voyant que Lord Emsworth ouvrait la bouche comme le poisson rouge auquel sa sœur Constance le comparait si souvent quand il ne suivait pas la conversation, Gally vint à son secours avec une note en bas de page.

– Dunstable espérait vendre son tableau à Trout, mais, apparemment, Trout a préféré l'avoir pour rien, il pense qu'un sou économisé est un sou gagné. Je connais d'autres personnes qui pensent comme lui.

Le duc continuait d'expliquer ses plans.

– Je vais aller le voir et je lui dirai : « Trout, vous avez trois secondes pour produire le nu étendu ! » et, s'il élève la moindre objection, je lui arrache la tête et je la lui fais avaler, rugit-il.

Gally admit que rien ne serait plus juste. Trout, convint-il, ne pouvait manquer d'applaudir une attitude aussi raisonnable.

– Je vais le voir sans perdre un instant. Où est sa chambre ?

– Je ne sais pas, fit Gally. Où est la chambre de Trout, Clarence ?

– J'ai peur de ne pouvoir te le dire, Galahad, répondit Lord Emsworth surpris que quiconque pût imaginer qu'il sache quoi que ce soit. Il y a cinquante-deux chambres dans le château. Beaucoup d'entre elles sont, bien sûr, inoccupées, comme, par exemple, celle où dormit la reine Élisabeth, et un grand nombre de celles connues comme les chambres d'État, mais j'imagine que monsieur Trout doit être dans l'une des autres. Connie doit bien l'avoir mis quelque part.

– Alors, ce qu'il faut faire, déclara le duc qui raisonnait aussi bien que n'importe qui, c'est aller demander à Connie.

Il est dommage que, pendant cette conversation, Lord Emsworth se soit à nouveau trouvé près de la table sur laquelle le duc avait replacé les deux bols (maintenant vides), la pendule, le cendrier, le calendrier et la photo de James et Lady Schoonmaker le jour de leur mariage, car, quand ces mots incroyables pénétrèrent sa conscience, il fit un autre de ses bonds convulsifs et la table ainsi que tout ce qu'elle supportait s'écrasèrent sur le sol à la vieille façon usuelle, faisant hurler au duc : « Bon Dieu, Emsworth ! » et amenant Gally à avertir son frère de ne pas en prendre l'habitude.

Il fut imperméable aux reproches.

– Mais, Alaric !

– Quoi, maintenant ?

– Vous ne pouvez pas réveiller Connie à cette heure de la nuit !

– Croyez-vous ?

– Je ne sais pas ce qu'elle dira.

– Alors, allons et nous verrons, dit Gally toujours serviable. Inutile, ajouta-t-il, car il était humain et ne voulait pas que les glandes surrénales de son frère ne fussent stimulées au-delà de leur capacité, que tu viennes, Clarence. Dunstable et moi, nous nous débrouillerons bien tout seuls et toi, tu devrais être au lit. Bonne nuit, mon doux prince, et que des volées d'anges veillent sur ton repos.

6

Dire que Lady Constance fut heureuse de voir ses visiteurs quand ils frappèrent à sa porte quelques minutes plus tard serait un peu excessif. Elle était pleinement éveillée et son regard, qui se posa d'abord sur Gally, avait quelque chose de celui de Méduse. Quand elle vit le duc, seulement, la flamme de ses yeux diminua d'intensité. Aucun outrage ne lui semblait impensable, de la part de Galahad, mais elle ne croyait pas Alaric capable de venir troubler son sommeil sans une bonne raison.

Le duc fut le premier à parler. Un homme de moindre envergure eût été rebuté par le spectacle de cette femme majestueuse au visage enduit de graisse, mais ce n'était pas un homme faible.

– Hé ! dit-il. Où est la chambre de Trout, Connie ?

Elle répondit à sa question par une question.

– Que diable faites-vous, Alaric, à vous promener dans la maison à cette heure de la nuit ?

Le duc savait couper court à ce genre de discussion. Il n'avait pas grimpé deux étages pour répondre à un interrogatoire.

– Peu importe pourquoi je me promène dans la maison. Si vous voulez le savoir, je cherche ce serpent de Trout.

– Et pourquoi donc voulez-vous voir monsieur Trout ? Si vous avez quelque chose à lui dire, pourquoi ne pas attendre de le rencontrer au breakfast ?

– Parce que cela ne se peut pas, voilà pourquoi. Il aura filé bien avant le breakfast. J'espère seulement qu'il n'est pas encore parti.

Lady Constance était si au-dessous de la pression intellectuelle demandée qu'elle se tourna vers son frère Galahad.

– Je ne comprends pas. Que veut-il dire, Galahad ?

Gally se montra serviable, comme toujours.

– C'est très simple, Connie. Il pense que Trout a volé son tableau et il veut le récupérer. Il a l'impression que la chose doit avoir été habilement cachée quelque part par Trout, et son plan, comme il me l'a expliqué, est de planter des allumettes enflammées entre les orteils de Trout dans le but de le persuader d'avouer l'endroit de la cachette. Cela m'a semblé très sensé. Juste le genre de chose qui obtient des résultats.

Aussi claire que fût l'explication, elle n'en laissa pas moins Lady Constance stupéfaite.

– Mais, Alaric, qu'est-ce qui vous fait penser que monsieur Trout a volé ce tableau ?

– Qui d'autre pourrait l'avoir volé ?

– Je veux dire que vous semblez avoir l'impression que quelqu'un l'a volé ?

– Les tableaux ne se sauvent pas tout seuls, non ?

– Je ne vous comprends pas.

– Si un tableau disparaît, quelqu'un doit l'avoir pris, et Emsworth, qui vient d'aller dans la galerie des portraits m'a dit que le nu étendu avait disparu.

– Clarence !

La mention du nom de son frère eut le résultat immédiat de rendre à Lady Constance sa contenance habituelle.

– Avez-vous vraiment tiré des conclusions contre monsieur Trout sur la seule base de ce que vous a raconté Clarence ? Vous savez comment il est. On ne peut pas faire confiance à ce qu'il dit. C'est simplement comme quand il était enfant et qu'il venait nous raconter qu'il y avait des Peaux-Rouges cachés sous son lit.

Le duc pianota sur la commode d'une main impérieuse.

– Faites comparaître Trout !

– Je ne ferai pas comparaître Trout. Je suis tout à fait convaincue que Clarence a fait une absurde erreur et que le tableau est toujours là. Allons dans la galerie des portraits et voyons par nous-mêmes.

Il se passa plusieurs minutes avant qu'elle ne reprît la parole. Quand elle rompit le silence, ce fut avec la complaisance d'une femme ayant le droit d'affirmer : « Je vous l'avais bien dit ! »

– Vous voyez, dit-elle – et le duc n'eut rien à répondre. C'est bien ce que je supposais, ajouta-t-elle. Un exemple typique de l'esprit embrouillé de Clarence. Et maintenant, peut-être pourrai-je être autorisée à retourner me coucher et à me reposer le reste de la nuit.

Elle se retira avec une hauteur qu'aucun des portraits de ses ancêtres n'eût pu surpasser, bien que beaucoup d'entre eux fussent spécialistes en hauteur, et Gally fit claquer sa langue avec sympathie.

– Connie est irritée, remarqua-t-il.

– Moi aussi, dit le duc.

– Extraordinaire, que Clarence ait pu faire une telle erreur.

Les sentiments qu'avait contenus le duc explosèrent dans le reniflement le plus sonore qu'il eût jamais exécuté.

– Rien d'extraordinaire là-dedans. Connie peut dire ce qu'elle veut au sujet de sa confusion mentale, ce dont il souffre n'est pas de la confusion mentale, il est timbré jusqu'à la moelle et je ne vois aucune raison de prétendre le contraire. Il va voir ce cochon au milieu de la nuit parce qu'il en a rêvé. Il se glisse dans ma chambre et se met à renverser les tables et, quand on lui demande ce que diable il fait là, il se met à déblatérer à propos de chats qui n'existent pas. Et, par-dessus tout, il n'est même pas capable de voir ce fichu tableau quand il le regarde en face. On devrait le faire enfermer.

Gally se gratta pensivement le menton. Il ôta son monocle et le polit.

– Sans aller jusque-là, fit-il, il faudrait certainement qu'il voie un psychiatre.

– Un quoi ?

– Un de ces types qui vous posent des questions sur votre enfance et qui, graduellement, trouvent la raison qui vous fait crier : « Au feu ! » dans les théâtres bondés. Ils découvrent que c'est parce que quelqu'un vous a retiré votre tétine quand vous aviez six ans.

– Je connais les types dont vous parlez. Ils vous font coucher sur un canapé et ils vous prennent des honoraires indécents pour chaque demi-heure. Mais je croyais qu'on les appelait des réducteurs de tête.

– C'est en effet, je crois, le terme médical.

– J'ai entendu parler d'un nommé Glossop.

– Sir Roderick Glossop ? Oui, il est généralement considéré comme le meilleur dans sa profession.

– Il faut le convoquer.

– Malheureusement, j'ai lu dans un journal, l'autre jour, qu'il est parti en Amérique.

– C'est trop dommage.

– Mais, continua Gally, par une coïncidence vraiment extraordinaire, je parlais cet après-midi avec son jeune associé, un nommé Halliday. Je me suis cogné dedans aux *Armes d'Emsworth*. Il serait aussi bon pour notre propos que Glossop. D'après ce qu'on m'a dit, bien que jeune, il est très talentueux.

– Pensez-vous pouvoir le faire venir ?

– Je suis sûr qu'il en serait ravi. La difficulté c'est Connie.

– Pourquoi ?

– Pouvons-nous l'amener à l'inviter au château ? Il faut lui cacher, si possible, que Clarence a besoin d'un traitement. Vous savez comment sont les femmes, elle deviendrait nerveuse. Pourriez-vous lui dire que c'est un de vos amis et la persuader de l'inviter ?

– La persuader ?

Un nouveau reniflement, semblable à la trompette du Jugement dernier, résonna dans la galerie des portraits.

– Je n'ai pas à persuader Connie d'inviter des gens. Je l'inviterai.

– Splendide, s'exclama Gally. Je n'ai qu'un coup de téléphone à donner. Je l'appelle demain à la première heure.

CHAPITRE HUIT

1

Le boudoir de Lady Constance, au second étage du château, donnait sur l'allée et le parking que regardait justement Lady Constance deux jours après les événements que nous venons de rapporter. Elle était à la fenêtre, exhalant des jets de flamme par ses narines pincées, et à chaque instant un frisson la parcourait comme si quelqu'un d'invisible l'avait piquée avec une épingle. Elle pensait à Alaric, duc de Dunstable, et un puriste comme Gustave Flaubert, avec son génie du mot juste, l'eût décrite comme aussi furieuse qu'une poule prise de boisson.

Des années auparavant, dans son enfance, de nombreuses gouvernantes avaient eu du mal à implanter en elle le self-control nécessaire. « Les dames ne doivent jamais trahir leurs émotions, ma chère Connie » lui avaient-elles dit et elle avait bien appris la leçon. Mais, bien qu'aujourd'hui elle préservât toujours en public son calme patricien, elle se permettait certaine relaxation dans l'intimité de son appartement. Et un juge impartial eût admis qu'elle en avait bien le droit. Si, en regardant par la fenêtre, elle frémissait et fronçait les sourcils, même la gouvernante la plus sévère n'y eût rien trouvé à redire. C'était une femme fière, et l'habitude d'Alaric d'inviter au château n'importe quel Tom, Dick ou Harry, sans lui demander son avis, transperçait comme un poignard son esprit hautain. D'abord Trout et maintenant ce Halliday, et qui savait combien d'autres suivraient. Il ne lui restait qu'une miette de réconfort. Aussi peu bienvenus qu'ils fussent, ces Trout et Halliday auraient encore pu être pires. Ils auraient pu être des amis de son frère Galahad.

Elle était là, ses glandes surrénales faisant des heures supplémentaires, quand le taxi de la gare de Market Blandings (propriétaire Jno Robinson) s'arrêta devant la porte avec ses halètements et ses soupirs habituels. Un jeune homme en descendit. Elle présuma que c'était le monsieur Halliday que lui imposait Alaric, et elle le suivit dans la maison d'un regard qui lui aurait valu la jalousie respectueuse d'un basilic. Non qu'il eût eu un aspect répugnant ou criminel. En ce qui concernait son aspect, il aurait pu être quelqu'un qu'elle avait invité elle-même au château. Mais, ce n'était pas à sa requête qu'il venait et elle fut des plus froides quand il entra dans la pièce quelques minutes plus tard, accompagné de Gally qu'il avait, supposa-t-elle, rencontré dans le hall et qui l'amenait pour le présenter à sa réticente hôtesse. Un jeune homme nerveux, nota-t-elle. Il semblait mal à l'aise.

Son diagnostic était correct. John était vraiment mal à l'aise. La joie qu'il avait ressentie quand Gally l'avait informé que la substitution des peintures s'était passée sans accroc et que, grâce à sa stratégie supérieure (avait dit Gally), il pourrait venir en invité au château, s'était transformée en l'émotion que pourrait éprouver un chat qui, se trouvant dans une ruelle inconnue, se demande de quoi son avenir sera fait. Gally lui avait parlé de son hôtesse comme d'une femme dont l'impulsion première pourrait être de l'attraper par le col et par le fond de son pantalon pour le jeter dehors et en la regardant, il la croyait bien capable de ce genre de manifestation. L'œil le plus stupide ne pouvait manquer de reconnaître en elle toutes les qualités qui font un bon videur, et il lui semblait qu'elle agitait les doigts en anticipant cette tâche. Se rappelant que Gally lui avait dit qu'elle était l'épouse d'un Américain nommé Schoonmaker, il ne pouvait s'empêcher de penser que ce Schoonmaker devait être un robuste mélange d'Humphrey Bogart et d'Edward G. Robinson, qui parlait du coin des lèvres et se nourrissait de viande crue. Même le juge, qui l'avait sermonné durant le procès d'Onapoulos et Onapoulos contre la Compagnie des verres à bouteilles du Lincolnshire et des comtés de l'Est, n'avait pas réussi avec cette maestria à le ravaler au niveau du ver de terre commun.

Gally tout au contraire était à son top. Connie n'avait pas sur lui l'effet déprimant qu'elle avait sur les autres. Quand un homme a vu sa sœur se faire fesser à coups de brosse à cheveux par des nourrices disciplinaires, elle ne l'intimide plus. De plus aujourd'hui il aimait tout le monde. S'il y a une chose qui fait qu'un homme se sent semblable à un personnage bienveillant tout droit sorti de Dickens, c'est bien la pensée qu'il a été l'instrument du Destin pour extraire son prochain de la panade qui menaçait de le submerger. Et personne ne pouvait dire qu'il n'avait pas réussi à fournir cet office à son filleul. Grâce à ses efforts, Johnny, qui avait été dans le trente-sixième dessous, sans le moindre espoir, venait de remonter spectaculairement à la surface. À cette pensée, il pétillait d'amabilité.

– Hello, Connie, gazouilla-t-il plus semblable à l'alouette au printemps qu'à la honte d'une famille orgueilleuse. Voici monsieur Halliday, dont tu attendais la venue avec tant d'impatience. Je savais que tu voulais le voir dès qu'il arriverait.

– Oh ? dit Lady Constance, sans la moindre note de plaisir dans la voix. Comment allez-vous ?

– Un grand ami de Dunstable.

– Oh ?

– Et un des miens. Nous venons juste de faire connaissance, mais nous sommes déjà comme deux frères. Je l'appelle John, il m'appelle Gally. Chacun de nous prêterait cinq livres à l'autre sans un murmure.

– Oh ?

– Nous avons beaucoup de chance de l'avoir ici car, à cette époque de l'année, il a généralement plus d'invitations qu'il n'en peut satisfaire. Aussi, nous devons faire tout ce que nous pourrons pour que son séjour soit agréable. J'espère qu'il rencontrera la jeune Gilpin. Est-elle rentrée ?

– Non.

– Quand l'attendons-nous ?

– Dans la journée, je suppose.

– Bien. Une fille, appelée Linda Gilpin, qui séjourne ici, expliqua Gally à John. Vous l'aimerez. Elle est partie hier dans sa voiture pour assister à une sorte de jamboree à sa vieille école. Le jour des sports, ou l'anniversaire du Fondateur, ou quelque chose. Je lui ai dit qu'elle s'y ennuierait comme un rat mort, mais elle a voulu y aller. Bon, je ne vais pas rester ici à parler tout l'après-midi, je veux faire faire à John le tour du propriétaire. Alors, venez, John. Vous avez de la chance. Si vous étiez venu le jour des visites, ça vous aurait coûté une demi-couronne, mais là, vous allez l'avoir pour rien.

Quand la porte se referma derrière eux, Lady Constance exhala la respiration qu'elle avait retenue durant tout le dialogue. Chez une femme de moindre lignée, un juron l'eût accompagnée car converser avec Gally avait eu sur elle l'effet habituel, l'impression que ses centres nerveux avaient été passés au papier de verre. Son exaspération était encore accrue par le fait qu'elle ne pouvait pas le tenir pour responsable de l'intrusion de ce Halliday, le blâme en revenant uniquement à Alaric. Elle désirait vivement dire deux mots à Alaric et, un moment plus tard, l'opportunité lui en fut donnée car la porte s'ouvrit et il entra.

À ceux qui connaissent son tempérament impérieux et qui seront certainement surpris qu'elle ait pu attendre jusqu'à maintenant pour dire deux mots à Alaric, nous devons expliquer la raison de ce délai. La nouvelle de la prochaine visite de John lui avait causé l'une des attaques de névralgies auxquelles elle était sujette, et elle avait passé au lit la journée précédente. La névralgie ayant cédé au traitement, elle se proposait de reprendre la discussion et même de combattre, s'il le fallait, comme le général Grant, tout un été.

Il a été établi que Lady Constance avait, pour le duc de Dunstable, une affection fraternelle. Dans le regard qu'elle lui adressa à cet instant, il ne restait pas trace de cette affection. Elle le considérait plus comme une tante que comme une sœur.

– Oui, Alaric ?

– Hein ?

– J'ai dit : Oui, Alaric.

– Une chose idiote à dire, commenta le duc d'un air critique.

Le total manque de bon sens de Connie le mettait parfois mal à l'aise, bien que ce soit ce qu'il fallait naturellement attendre de tout représentant de son sexe.

– Que voulez-vous dire par oui ? Je ne vous ai rien demandé. Je n'ai même pas dit qu'il faisait beau, ou quoi que ce soit.

Lady Constance, qui s'était raidie à son entrée, se raidit encore un peu. Comme à l'accoutumée, quand il visitait son boudoir, le duc fouinait un peu, tripotait les objets sur le bureau, ramassait une lettre et regardait une photo de James Schoonmaker avec une curiosité offensante. Et, comme toujours, cette habitude qu'il avait faisait à Lady Constance l'effet d'un grand nombre de fourmis paradant de haut en bas sur sa colonne vertébrale. Mais, fidèle au souvenir des gouvernantes qui lui avaient enseigné qu'une dame ne laissait jamais paraître ses émotions, elle se força à un calme relatif.

– J'ai dit : « Oui, Alaric ? » parce que j'avais hâte de connaître la raison de votre visite.

– Hein ?

L'affection fraternelle de Lady Constance descendit à un nouveau seuil. Le régiment de fourmis en parade sembla s'augmenter de nouvelles recrues.

– Puis-je faire quelque chose pour vous, Alaric ?

– Oui. J'ai besoin d'un timbre. J'écris au *Times* à propos de la pagaille monumentale où le gouvernement a mis le pays. Tous des incompétents, si vous voulez mon avis. Il serait bon qu'on les colle au poteau et qu'on les fusille. Qui est Jane ?

– Je vous demande pardon ?

– Cette lettre est signée Jane. Je me demande qui c'est.

– J'aimerais bien que vous ne lisiez pas mon courrier.

– Je n'y prends aucun plaisir. Il est toujours complè-tement idiot. Pourquoi Schoonmaker a-t-il ce sourire imbécile ?

De nombreuses autorités ont établi que la chose à faire quand vous sentez que vous perdez votre self-control, est de respirer à fond. Lady Constance inspira aussi fort qu'elle le put.

– Je suis désolée, dit-elle, que le sourire de mon mari ne soit pas à votre convenance, mais il est, je crois, habituel de sourire quand on se fait photographier. Si vous le voulez, je vais appeler James par le téléphone transatlantique pour lui faire part de vos critiques. Sans doute arrangera-t-il ses traits la prochaine fois selon vos goûts.

– Hein ? fit le duc.

Il parlait d'un air absent. Il avait ramassé une lettre signée Amy et la trouvait plus intéressante à lire que les autres.

– Qu'a donc fait ce Fred ?

– Je vous demande pardon ?

– Cette femme dit qu'elle veut divorcer d'avec lui. Il doit y avoir des ennuis dans le ménage.

Lady Constance re-respira à fond.

– Posez cette lettre, Alaric, et écoutez-moi !

Le duc de Dunstable n'avait rien d'une plante sensitive, mais même lui savait reconnaître l'hostilité quand on la lui présentait d'une main assez ferme.

– Vous semblez bien énervée, Connie. Qu'est-ce que vous avez ?

– Je suis extrêmement ennuyée, Alaric. Je voudrais bien que vous cessiez d'inviter des gens ici comme cela. Vous semblez avoir l'intention de faire du château de Blandings un hôtel résidentiel.

– Vous parlez de Trout ?

– Et de ce monsieur Halliday.

Conscient de l'excellence de ses motifs, le duc était tout prêt à s'expliquer.

– J'ai dû inviter Trout parce que je voulais lui vendre ce tableau, ce qui aurait été impossible s'il n'avait pas été ici.

Même une femme, se disait-il, pouvait être capable de comprendre quelque chose d'aussi simple que cela.

– Et pour ce qui est d'Halliday, je n'avais pas l'intention de vous en parler, mais puisque le sujet se présente, je peux aussi bien le faire.

– Faites donc. En tant qu'hôtesse, je suis naturellement intéressée. Est-il, lui aussi, l'un de vos clients ? Une idée vraiment nouvelle, que de faire du château de Blandings un centre commercial. Qu'avez-vous l'intention de lui vendre ?

La règle de vie de Gally – quand Connie t'attaque, assieds-toi immédiatement sur sa tête – était aussi la pierre de touche de la politique domestique du duc. Il y eut une note autoritaire dans sa voix quand il dit :

– Inutile d'être sarcastique, Connie.

– Je ne suis pas d'accord avec vous. C'est très utile.

– Je vais vous dire, pour Halliday. Si je ne le fais pas, vous allez jouer la grande dame avec lui et il nous laissera tomber. N'importe qui ne peut pas tolérer vos manières. Je me suis souvent demandé comment les Yankees s'en accommodaient. Vous avez une façon de recourber votre lèvre supérieure en regardant les gens par-dessus votre nez, qui est offensante. Je vous en ai déjà parlé. Bon, voilà ce qui est arrivé. Après que vous nous aviez laissés, cette nuit-là…

– Quelle nuit ?

– La nuit où Emsworth a perdu les pédales et m'a dit que mon tableau avait été volé. Au fait, est-ce que quelqu'un lui a retiré sa tétine, quand il avait six ans ?

– Je n'ai pas la moindre idée de ce dont vous parlez.

– Peu importe. Nous pouvons laisser cela à Halliday. Probablement la première question qu'il lui posera. Je disais qu'après que vous étiez allée vous coucher, Threepwood et moi nous avons parlé et nous avons décidé que ce dont Emsworth avait besoin, c'était d'un traitement psychiatrique, si vous savez ce que c'est.

– Bien sûr que je sais ce que c'est.

– Bon. C'est ce que nous avons décidé qu'il lui fallait. Il est essentiel d'engager un réducteur de tête expert pour soigner ses manies de timbré. Je l'avais déjà recommandé, vous devez vous en souvenir, quand il voulait engager son cochon dans le Derby.

– Clarence n'a jamais dit qu'il allait engager son cochon dans le Derby !

– C'était peut-être dans le Grand National.

Les fourmis, sur l'épine dorsale de Lady Constance, avaient maintenant été rejointes par nombre de leurs sœurs, cousins et oncles, et marchaient au son de la Bannière étoilée. Sa voix monta à un ton impressionnant.

– Il n'a jamais rien dit de semblable. Je le lui ai demandé, et il l'a nié.

Le duc n'en fut pas ému.

– Naturellement, il a nié. Il fait des déclarations dangereuses comme celle-là lorsqu'il ne fait pas attention, puis il réalise de quoi ça a l'air et il essaie de les faire oublier. Mais les faits demeurent. J'étais là quand il l'a dit et je me rappelle lui avoir fait remarquer que je doutais fort que la Commission de course puisse accepter un cochon. Cependant, c'est une affaire dont il est inutile de discuter pour l'instant. Le fait est que Threepwood et moi sommes tombés d'accord sur la nécessité de faire venir un réducteur de tête, et notre choix s'est d'abord porté sur Sir Roderick Glossop. Malheureusement, il n'était pas disponible, alors nous étions à court de solution jusqu'à ce que Threepwood se souvienne qu'il avait rencontré le jeune associé de Glossop, ce type, Halliday, alors nous avons pris contact avec lui. Heureusement, il était libre et nous avons engagé ses services. C'est ainsi qu'Halliday est venu au château.

L'animosité de Lady Constance avait considérablement décru à mesure que progressait l'explication. Elle pensait encore qu'elle aurait dû être consultée avant toute addition à la liste des invités du château, mais, en gros, elle approuvait ce qui avait été fait. Les incidents de cette nuit agitée l'avaient secouée. Elle n'avait jamais entretenu l'illusion que Clarence était un esprit pénétrant, mais jamais, jusque-là, il ne lui avait donné une telle cause d'anxiété à propos d'un frère qui lui était si cher. Un traitement psychiatrique était absolument indispensable. Quoi que cela puisse lui faire, cela pouvait difficilement être autre chose qu'une amélioration. Le seul doute qu'elle conservait concernait le fait de savoir si ce monsieur Halliday était suffisamment mature pour pénétrer dans son subconscient et ramener à la surface le contenu de ses profondeurs cachées.

– Il est très jeune, dit-elle dubitative.

L'attention du duc s'était, une fois de plus, tournée vers la photographie du mari de Lady Constance.

– La tête de Schoonmaker a une drôle de forme. On dirait un oignon espagnol.

C'était une affirmation que Lady Constance, à tout autre moment, eût chaudement contestée, mais son esprit était resté sur le jeune associé de Sir Roderick Glossop.

– Il est très jeune, répéta-t-elle.

– Je ne dirais pas que Schoonmaker est jeune. Tout dépend, bien sûr, de ce que vous appelez être jeune.

– Je parlais de ce monsieur Halliday. Je disais qu'il était bien jeune.

– Bien sûr, qu'il est jeune ! Pourquoi ne le serait-il pas ? Si un homme est un jeune associé, comment peut-il s'empêcher d'être jeune ? dit le duc parlant, comme si peu de femmes peuvent le faire, avec la voix du bon sens.

Extraordinaire, pensa-t-il, comme de fréquenter des Yankees a sapé l'intellect de Connie. Elle ne semblait plus capable, à présent, de comprendre la plus simple ses choses.

2

Pendant peut-être deux, ou même trois minutes après avoir quitté le boudoir de Lady Constance, Gally et John conservèrent un parfait silence. Gally s'était replongé dans la pensée de l'habileté consommée avec laquelle il avait résolu les divers problèmes qui lui étaient soumis, ce qui n'avait été possible que grâce à son entraînement à la dure école du Pélican Club, tandis que John restait dans l'état hébété, semblable à celui causé par les coups répétés d'un instrument contondant sur la tête, qu'expérimentent tous ceux, sauf les vraiment forts, qui rencontrent pour la première fois Lady Constance quand elle est d'humeur glaciale. C'était comme s'il était resté, pendant une longue période, enfermé dans un frigidaire avec la première reine Élisabeth.

– Je pense que tu t'en es bien sorti, Johnny, dit Gally à la fin. Juste le bon mélange d'amabilité et de réserve. Il n'est pas donné à tout le monde de se sortir de l'épreuve d'être présenté à Connie avec un tel élan et un tel aplomb. Cela m'amène à espérer que, quand tu retrouveras la Gilpin, elle ne sera que poussière sous les roues de ton char. Dommage qu'elle soit sortie, mais elle devrait nous revenir d'ici une heure ou deux.

– À ce moment-là, j'aurai commencé à me remettre.

– Oui, je peux voir que, bien que tu ne le montres pas, tu as trouvé Connie un peu au-dessus de tes forces. Une longue fréquentation m'a immunisé, mais elle draine l'énergie de la plupart des gens. Quelqu'un a écrit une histoire, il y a des années, qui s'appelait *L'Oiseau à l'œil irascible* et j'ai toujours pensé que l'auteur devait avoir pensé à Connie. Elle revient après mon père, qui pouvait faire ouvrir une huître à soixante pas d'un seul regard. Mais tu ne dois pas la laisser te saper le moral, car tu auras besoin de tous tes moyens quand tu rencontreras ta poupée.

– J'aimerais bien que tu…

– Je suis un homme simple. J'appelle une poupée une poupée. Comment as-tu l'intention de jouer la scène de la réunion, au fait ? Tu prends toujours en considération qu'elle a, elle aussi, un œil irascible ? Son humeur, quand nous avons parlé de toi, l'autre jour, n'était pas riante. Tu devras choisir soigneusement tes mots. Je conseillerais la note des souvenirs tendres, ce qu'on pourrait appeler la touche « temps jadis ». Lui rappeler ces longs après-midi ensoleillés où vous flottiez sur la rivière dans votre barque ou votre canoë, juste elle et toi, si loin du monde, sans un bruit pour briser le silence de l'été, sauf le clapotis des vaguelettes, murmurant comme des fées parmi les joncs.

– Nous n'avons jamais canoté.

– Jamais été sur la rivière ?

– Non.

Gally s'étonna. Il dit qu'en son temps on allait toujours faire un tour, avec une poupée, en barque ou en canoë, avec un casse-croûte, ensuite, à Skindles. C'était le premier pas vers la fusion des âmes.

– Alors, où avez-vous parlé d'avenir ?

– Nous n'en avons parlé nulle part. Je lui ai demandé de m'épouser, et elle a dit oui, et c'est tout. Nous n'avons pas eu le temps de parler d'avenir. C'est arrivé, tout d'un coup, dans un taxi.

– Mais, enfin, tu devais déjà l'avoir vue quelque part ?

– À des réceptions et tout ça.

– Mais pas en canoë par un long après-midi ensoleillé ?

– Non.

– Fâcheux. Quand vous êtes-vous rencontrés pour la première fois ?

– Un matin, à sa boutique.

– Elle a une boutique ?

– Elle en avait une. Elle ne rapportait pas.

– Quelle sorte de boutique ?

– De fleurs.

– Et tu es entré pour acheter des roses à longues tiges ?

– Non. Je suis entré parce que je l'avais vue par la vitrine.

– Le coup de foudre ?

– De mon côté.

– Qu'est-il arrivé, ensuite ?

– Nous avons bavardé. Nous nous sommes aperçus que j'avais été à Oxford avec son frère.

– Et alors ?

– Nous nous sommes à nouveau rencontrés ailleurs.

– Et vous avez continué à parler de son frère ?

– Parmi d'autres choses.

– Et après ça ?

– Quelques déjeuners.

– Beaucoup ?

– Non. Elle semblait toujours retenue. Elle était très populaire. Chaque fois que je la rencontrais, il y avait toujours une bande de Freddie, Algie ou Claude de la brigade des Gardes, qui papillonnaient autour d'elle. C'est pourquoi lui demander de m'épouser me semblait si hasardeux. Je ne pensais pas avoir la moindre chance. Après tout, qui suis-je ?

– Tu es mon filleul, dit dignement Gally. Et, de plus, ton handicap au golf est de six. Enfin, Johnny, Linda Gilpin n'est pas la Reine de Saba.

– Si.

– Ni Hélène de Troie.

– Si. Et aussi Cléopâtre. Tu devrais le savoir. Tu l'as rencontrée.

Un regard en coin à son filleul apprit à Gally que ces mots n'avaient pas été prononcés à la légère. Les traits de Johnny montraient l'éveil de son âme et prouvaient sa sincérité. Il n'y avait pas de doute, Linda Gilpin était la fille qu'il voulait et il n'était prêt à accepter aucun ersatz. Et Gally comprenait cette attitude. Il avait eu la même au sujet de Dolly Henderson. Néanmoins, il considérait de son devoir de parrain de jouer, même à contrecœur, le rôle de l'avocat du diable. Il avait immédiatement aimé Linda, mais il n'était pas aveugle au fait qu'en l'épousant, Johnny aurait affaire à forte partie. Elle n'était pas femme à pleurer de délice quand il sourirait et à trembler de peur quand il froncerait les sourcils. C'était une fille décidée, et tout époux assez courageux pour froncer les sourcils saurait en peu de temps ce que bagarre veut dire.

C'est ce qu'il essaya de démontrer à John en mots soigneusement choisis.

– Je suis d'accord, dit-il, sur le fait que c'est une jolie fille, qui a tout ce qu'il faut, mais le physique n'est pas tout. La conversation que j'ai eue avec elle, quand nous étions partis voir l'allée des ifs, m'a laissé la conviction qu'elle est tout sauf faible et insipide. Je veux bien admettre que le procès de Clutterbuck contre Frisby l'a considérablement énervée, mais elle m'a rappelé une fille que j'ai connue dans ma jeunesse et qui a une fois mis fin à une dispute que nous avions en me piquant à la jambe avec une épingle à chapeau. Elle m'a remis en mémoire un poème que j'avais lu, dans le temps, dont le protagoniste était un jeune marchand de légumes qui avait emmené sa dulcinée à Hampstead Heath pour la journée. L'expédition commença bien mais, quand il se mit à pleuvoir, et que les sandwichs au jambon furent trempés, elle montra le bon côté de sa nature et voici comment il s'exprime : « Y a des filles qui pleurent, et d'autres qui versent pas une larme, dis donc, mais qu'ont du tempérament, et quand elles ont leurs humeurs, c'qui sort de leur boîte à sarcasmes, y a qu'un chien qui pourrait l'entendre. Nancy, l'était comme ça, dis donc. » Linda Gilpin m'a tout à fait semblé être du type Nancy. Es-tu prêt à faire face à une vie conjugale où les humeurs et les sarcasmes risquent bien d'entrer ?

– Oui.

– Tu n'as pas envie de tout laisser tomber ?

– Non.

– Prendre le maquis pendant que c'est encore possible ?

– Non.

– Alors, dit Gally abandonnant avec joie la fonction d'avocat du diable, nous savons où nous en sommes et je dois dire que je t'approuve de tout cœur. Ma connaissance de Linda Gilpin n'est pas bien étendue, mais j'en ai vu assez pour savoir que c'est ce que t'ordonne le docteur. Bon Dieu, quelle importance, un brin de sarcasme ? Il empêche la vie conjugale de devenir ennuyeuse. Ce qu'il faut, maintenant, c'est réfléchir à la bonne approche. L'approche est tout. Il y en a des douzaines, au choix. Il y a un type, au Pélican, qui a fait semblant de se suicider quand une fille l'a refusé. Il a avalé un cachet d'aspirine et il est tombé en arrière avec un cri étranglé. L'ennui, c'est qu'après qu'ils lui aient fait un lavage d'estomac, quand il a retrouvé la fille, elle n'avait pas changé d'avis et toute cette fatigue a été perdue. Mais, c'était une idée. On pourrait essayer quelque chose comme ça. Tu y serais favorable ?

– Non.

– Alors, si tu avais un accident ? Si elle te voit, gisant sur le sol, perdant ton sang sur le tapis, ça viendra à bout de sa résistance. J'ai connu un homme qui a décidé sa femme en se faisant taper sur la tête avec un pot à tabac en pierre, du genre de ceux, avec le blason de l'école, qu'on achète quand on arrive à l'université. Clarence a un pot à tabac en pierre et Beach accepterait sans doute de t'assommer avec si tu lui glissais deux livres. Même, si tu joues bien tes cartes, il le fera probablement pour rien. Qu'est-ce que tu en penses ? Non ? Tu es un homme difficile à aider. Un délicat. Il n'y a pas moyen de te contenter.

Ils marchèrent en silence. Un silence pensif pour Johnny, un silence blessé pour Gally. Mais ce dernier n'avait pas l'habitude de laisser une histoire inachevée.

– La romance dont je te parlais a une conclusion plutôt bizarre, reprit-il quand ils arrivèrent en vue du lac. J'aurais dû mentionner que la fille du suicidé tenait le vestiaire à l'*Oddenino* et qu'il lui avait laissé son chapeau avant de passer à l'acte. Tu sais que, dans de nombreux restaurants, le responsable du vestiaire met un bout de papier avec la description du client dans le ruban du chapeau pour aider à l'identification, l'idée étant qu'ils seront mieux rémunérés s'ils ont l'air de se rappeler qu'ils ne le seraient s'ils donnaient juste un ticket. Moi, par exemple, j'aurais sans doute droit à quelque chose comme : « Mince, distingué, porte monocle ». Bon, comme je disais, le type avait donné son galurin et, quand ils ont eu fini de le travailler avec la pompe à estomac, et qu'il est revenu voir la fille pour la redemander en mariage et qu'elle a eu re-refusé, il a pensé qu'il pouvait au moins sauver quelque chose du naufrage et reprendre son chapeau. Alors, il l'a demandé avec une voix de cœur brisé, elle le lui a rendu et il est reparti, le cœur toujours brisé. Sa détresse n'a pas duré longtemps. Il a vu que la fille avait oublié de retirer le bout de papier et il a lu : « Une tête qui arrêterait une pendule ». Il a été si furieux que son amour est mort instantanément et qu'il a vécu heureux pour le reste de sa vie.

John ne donna pas à ce drame humain l'attention qu'il méritait. Il contemplait le lac avec l'intensité du chevalier de Tennyson, Sir Bedivere, conscient soudain que l'après-midi d'été lui avait donné chaud. Il tendit la main avec émotion.

– Puis-je nager un peu avant le dîner ? demanda-t-il.

Et Gally dit qu'il pouvait si ça ne durait pas trop longtemps.

– Tu trouveras des maillots, des serviettes et tout ce qu'il faut dans la cabine de bain. Mon frère fait son plongeon tous les matins mais nul ne sait si c'est pour sa santé ou pour diluer l'odeur de cochon. Je serai dans le hamac, sur la pelouse de devant, si tu as besoin de moi.

Il se retira, mince, distingué, portant monocle, comme aurait pu écrire la fille du vestiaire de l'*Oddenino* et, quelques minutes plus tard, John était dans l'eau, revigoré par ses propriétés thérapeutiques comme Lord Emsworth ne l'avait jamais été lors de ses plongeons matinaux, et Linda Gilpin, revenant de sa visite à sa vieille école et se hâtant vers le lac pour un bain rapide avant de s'habiller pour le dîner, le vit, resta sidérée et cligna plusieurs fois des yeux comme pour s'assurer qu'elle avait bien vu ce qu'elle croyait avoir vu. Puis, revenant à la vie, elle s'enfuit vers la maison. Elle avait l'intention de trouver Gally et de l'entreprendre sur le sujet de l'arrivée de John, car son intuition féminine lui disait que, si des avocats qu'elle détestait particulièrement s'étaient infiltrés dans le château de Blandings, ce devait être lui qui avait manigancé l'outrage.

Elle brûlait d'une justifiable fureur, mais elle était résolue, quand elle verrait Gally, d'être très calme et froide et digne, pour lui montrer clairement que, bien qu'elle ait été surprise de trouver John Halliday, sa présence au château lui était suprêmement indifférente. Supposer que cela lui importait d'une façon ou d'une autre serait absurde.

Telles étaient ses méditations. Elles furent soudain interrompues. Sur la pelouse et la pâture, flotta un son métallique mais musical, d'abord doux, puis résonnant dans un crescendo majestueux. Beach frappait sur le gong appelant à s'habiller pour dîner.

3

Beach replaça le maillet du gong avec la satisfaction que lui donnait toujours cette partie de ses devoirs. Il aimait entendre la musique monter jusqu'au son d'un grand Amen et mourir dans un pianissimo comme le dernier murmure lointain d'un orage finissant. Il lui avait fallu des années pour amener cet art à son présent degré de perfection. Au début de sa carrière, il était un sonneur banal, mais maintenant, il était prêt à se mesurer en virtuosité à n'importe quel majordome d'Angleterre. Gally, en le complimentant un jour pour une performance magistrale, avait aventuré l'opinion que c'étaient les grands muscles dorsaux qui faisaient la différence. Beach lui-même attribuait ce succès au travail du poignet et au geste d'accompagnement.

Habituellement, quand il avait terminé cette tâche, un silence paisible s'ensuivait, mais, ce soir, la tranquillité du hall fut brisée par un soudain cliquetis, rappelant la livraison du charbon à travers un soupirail. Il était causé par Howard Chesney qui, se hâtant depuis les régions supérieures, à la recherche de son étui à cigarettes égaré, avait glissé et descendu trop rapidement les dernières marches. Il tituba à travers le dallage, attrapa la table sur laquelle étaient rangés les journaux et les magazines, la saisit alors qu'il était sur le point de tomber et se remit d'aplomb, hébété mais reconnaissant d'avoir pu éviter le pire.

Il trouva Beach à ses côtés. Beach avait l'habitude, quand il rencontrait Howard Chesney, de lui jeter un regard glacial et de passer outre, mais l'exploit d'Howard semblait ce soir demander un commentaire verbal. Avec la juste touche de réserve dans ses manières, pour rendre évident le fait que cette amabilité momentanée ne promettait aucune future camaraderie, il dit :

– J'espère que vous ne souffrez d'aucune blessure, monsieur ?

Howard s'en était déjà assuré en passant rapidement la main sur sa personne, comme les policemen l'avaient quelquefois fait sur lui dans sa terre natale. Il se fouillait lui-même, pourrait-on dire. Aussi incroyable que cela lui eût semblé un moment auparavant, il ne trouva pas d'os brisé.

– Non, ça va, répondit-il bravement. Je me suis arrangé pour attraper cette table. Ces escaliers sont glissants.

– Oui, monsieur.

– Pourquoi les laisse-t-on comme ça ?

– Je ne saurais dire, monsieur. Je ne suis pas consulté sur cette matière, répondit sévèrement Beach.

Il voulait bien sympathiser, mais pas bavarder. Il fit une sortie digne, et Howard Chesney, après une brève recherche, trouva son étui à cigarettes. Il le ramassait quand Linda entra en coup de vent. Il aurait volontiers engagé la conversation avec elle car il avait pour politique de parler le plus possible aux filles aux yeux bleus, aux cheveux noisette et à la silhouette gracieuse, mais elle disparut et il ne lui resta plus qu'à allumer une cigarette. Il l'écrasait dans le cendrier quand Vanessa descendit l'escalier.

– Mais, voilà monsieur Chesney, s'écria-t-elle. Juste l'homme que je voulais voir.

Vanessa, on s'en souviendra, avait résolu de passer son temps à étudier Howard Chesney en profondeur, pour s'assurer que son code moral était bien aussi bas qu'elle l'avait cru à première vue. « Je suis presque sûre que c'est un escroc, avait-elle dit à Wilbur Trout. Mais il faut que j'en sois certaine avant de commencer quoi que ce soit. » Elle savait maintenant qu'il était encore plus bas, et ce fut en pleine confiance qu'elle décida de s'assurer ses services.

– Avez-vous vu Wilbur Trout ? demanda-t-elle.

Alors qu'elle prononçait ces mots, Wilbur apparut, venant de la salle de billard, où il s'était entraîné en solitaire.

– Oh, te voilà, dit-elle. J'espérais bien te voir. Nous allons tenir un conseil de guerre.

– Un quoi ? s'étonna Wilbur.

Il la regardait, en pensant qu'elle était vraiment attirante. Vanessa aimait s'habiller de bonne heure pour dîner et, quand elle s'habillait pour dîner, elle présentait toujours un spectacle agréable à l'œil.

– J'aurais pu dire une petite conspiration, mais un conseil de guerre, ça sonne mieux. Viens par ici, on ne doit pas nous entendre.

Elle le mena dans un coin du hall dont le seul occupant était une armure. Pensant qu'il était improbable que quelqu'un se cachât dedans, elle reprit.

– C'est à propos de ce tableau, Willie. J'ai une idée qui me semble bonne. Simple, aussi. C'est toujours mieux de faire les choses simplement, quand on peut, expliqua-t-elle.

Wilbur l'approuva. Si on est trop habile, dit-il, on est fichu. Elle pouvait l'en croire, ajouta-t-il, en pensant aux histoires qu'il racontait à ses femmes.

– Mais, comme monsieur Chesney y sera mêlé, poursuivit Vanessa, la première chose à faire est de le sonder pour savoir ce qu'il pense de tourner un peu la loi, s'il n'y a pas de risque. Avez-vous des objections, monsieur Chesney ?

Howard Chesney était un homme prudent.

– Eh bien, ça dépend, déclara-t-il.

– Sans aucun risque, je le répète.

– Eh bien…

– Dans ce cas…

– Oui, dans ce cas, je peux vous écouter. Mais j'aimerais savoir de quoi il s'agit.

– Bien sûr. Vous avez vu le tableau qui est dans la galerie des portraits, celui que le duc a apporté. Willie le veut absolument, peu importe pourquoi, et je lui ai promis de le lui dénicher. Pouvons-nous compter sur votre assistance ?

– Pourquoi pas ?

– Bien parlé.

– Qu'est-ce que je fais ?

– Votre premier mouvement sera de partir.

– Quitter le château ?

– C'est ça. Vous avez votre voiture, n'est-ce pas ?

– Oui.

– Alors, vous partez.

– Je ne comprends pas.

– Vous comprendrez quand je vous aurai expliqué.

– Pourquoi devrais-je partir ?

– Pour ne pas être suspecté. Quand une chose viendra à disparaître, personne ne pourra dire que vous l'avez prise, parce que vous serez parti depuis quelques jours.

– Mais, si je ne suis pas là…

– Comment jouerez-vous votre rôle ? Tout est arrangé. Vous partez, mais vous revenez et vous vous cachez, et vous continuez à vous cacher jusqu'à l'heure H, qui sera quand Willie et moi aurons fait notre travail. Vous allez vers la galerie des portraits et vous vous cachez sous la fenêtre. Nous vous descendons le tableau au bout d'une corde et vous filez à Londres avec. Le lendemain, il y aura toute une histoire, tout le monde tournera en rond en hurlant. Qui a fait ça, où faut-il chercher ? Le duc pensera que c'est Willie et il passera sa chambre au peigne fin, mais il n'y trouvera pas l'ombre d'une preuve et ils seront obligés de croire à un cambriolage. Willie sortira de là blanc comme neige. Puis, quand tout sera calmé, il vous retrouvera à Londres, vous lui donnerez la chose et tout finira bien.

Elle s'arrêta, semblant attendre un tonnerre d'applaudissements. Elle l'obtint de Wilbur Trout.

– Formidable ! Quel cerveau !

– Gentil à toi de dire ça.

– Tu sais, aucune de mes femmes n'avait de cerveau.

– Vraiment ?

– Un physique, oui, mais pas de cerveau. Tu es une merveille.

– Merci, Willie.

Il y eut un silence momentané, pendant lequel, apparemment, Willie retourna l'idée dans son esprit.

– Le duc sera furieux.

– Je n'en serais pas étonnée. Mais, sur chaque vie, la pluie doit tomber. Et il le mérite pour t'avoir fauché ce tableau comme il l'a fait. Je vous en parlerai un jour, Chesney, et vous serez d'accord avec moi. Il le mérite.

La voix de sa conscience semblait encore murmurer à l'oreille de Wilbur. Une pensée le frappa.

– Je lui enverrai un chèque pour le rembourser de ce qu'il a payé.

– Donc, tu te trahiras complètement. Tu pourrais aussi lui envoyer une confession écrite.

– Je le lui enverrai anonymement, bien entendu.

– Un chèque anonyme ?

Wilbur dit qu'il n'avait pas pensé à ça.

– J'enverrai du liquide, concéda-t-il.

Vanessa haussa les épaules.

– Je n'en ferais rien, si c'était moi, dit-elle. Mais, si c'est ce que tu veux, vas-y.

Le conseil de guerre était terminé. Wilbur monta s'habiller. Il séjournait depuis assez longtemps dans le château pour avoir une terreur prononcée de son hôtesse et il ne voulait pas encourir son déplaisir en étant en retard pour le dîner. Howard Chesney, qui ne craignait que Beach et qui, de plus, s'enorgueillissait de pouvoir se préparer en dix minutes pour ce qu'il appelait la soupe et le poisson, demeura. Un article, qui aurait dû être à l'ordre du jour, lui était venu à l'esprit et il avait l'intention de le rappeler à l'attention de la présidente du conseil de guerre.

– Et le paiement, dit-il. Vous n'avez pas parlé du paiement.

Vanessa sembla surprise. Elle trouvait cela plutôt sordide.

– Paiement ? Je fais ça pour obliger un vieil ami.

– Eh bien, moi, je n'ai pas de vieil ami à obliger. Qu'est-ce que j'ai à y gagner ?

Vanessa comprit son point de vue. Le travailleur est, proverbialement, récompensé pour son labeur, et il était évident que ce travailleur entendait bien l'être. Et son labeur était essentiel pour son plan. Elle ne perdit pas de temps en discussions vaines.

– Oui, dit-elle. Je suppose que vous voulez votre part.

Il l'assura qu'elle ne se trompait pas.

– Eh bien, Willie sera généreux. Vous n'aurez pas à vous plaindre de lui. Il sème l'or d'une main libérale. Combien d'or avez-vous dans l'esprit ?

– Mille dollars.

– Vous voyez grand.

– C'est mon chiffre.

– Vous ne pourriez pas en rebattre un peu ?

– Non.

– D'accord. J'en parlerai à Willie.

– Faites donc ça.

– Bien que je pense, quand même…

Elle s'interrompit. Gally et John traversaient le hall. Elle regarda ce dernier avec intérêt.

– Hello, qui est-ce ? Beach, qui donc est ce gentleman qui vient de passer avec monsieur Threepwood ?

Beach, qui venait d'entrer pour placer un plateau de verres de cocktails sur la table, se retourna courtoisement.

– Un jeune gentleman, madame ?

– Et grand.

– C'est un monsieur Halliday, madame. Il est arrivé cet après-midi.

Beach termina sa tâche et sortit. Vanessa, se tournant vers Howard Chesney, fut surprise de voir qu'il montrait tous les signes d'un choc violent.

– Quelque chose ne va pas ? demanda-t-elle en remarquant sa mâchoire pendante et ses yeux vitreux.

Howard Chesney se tortilla un moment en silence. Quand il retrouva la parole, il était amer. C'était, manifestement, un homme plein de rancœur.

– C'est bien ma chance ! Il y a des milliers d'avocats qui grouillent dans Londres, et il faut que ce soit lui qui vienne ici. Vous vous rendez compte ?

– Vous le connaissez ?

– Si je le connais ! Écoutez. La dernière fois que je suis venu de ce côté de l'Atlantique, mon boulot a mal tourné et je me suis fait ramasser par les flics. Et ce type, Halliday, c'est l'avocat qui m'a défendu.

4

Vanessa avait des nerfs d'acier, mais, même les filles aux nerfs d'acier peuvent être secouées.

– Quoi ? cria-t-elle.

– C'est ce qu'il est.

– En êtes-vous sûr ?

– Évidemment que j'en suis sûr. Et si vous vous demandez s'il se souvient de moi, certainement qu'il se souvient de moi. Il n'y a pas si longtemps, et il m'a beaucoup vu. Alors, qu'est-ce qu'on fait ?

C'était une bonne question mais Vanessa ne trouva pas de réponse. En fille intelligente, elle voyait bien que cette malheureuse rencontre portait un coup mortel au plan de campagne dont elle était si fière. La situation méritait que l'on y réfléchisse et son cerveau s'activa.

— Voyons, dit-elle, il faut que nous en parlions et nous ne pouvons pas le faire ici parce qu'il va redescendre dans une minute. Allons dans la galerie des portraits. Il n'y aura personne, là-bas.

Howard Chesney dit que ce qu'il pensait faire, c'était se glisser dehors, prendre sa voiture et partir sans dire au revoir ou merci pour ce délicieux séjour, un plan d'action doublement attirant puisqu'il lui évitait de devoir donner un pourboire au majordome. Vanessa eut du mal à le dissuader, mais elle y parvint et ils allèrent dans la galerie des portraits. Et, telle était la vigueur avec laquelle elle avait stimulé son toujours serviable cerveau, qu'en y arrivant elle put annoncer qu'elle avait résolu le problème.

— J'ai trouvé, dit-elle. Vous allez rester dans votre chambre et ne pas descendre dîner. Je dirai que vous ne vous sentez pas bien. Et demain…

— Oui, demain ? Je vais le rencontrer, non ? Et il va dévoiler le pot aux roses, non ? Et la vieille fille va me jeter dehors par la peau du cou, non ?

— Si vous m'écoutiez. Demain, vous partirez avant le breakfast.

— Comment expliquerez-vous que je fasse ça ?

— Vous recevrez un coup de téléphone matinal de votre avoué, disant qu'il est absolument vital que vous retourniez à Londres pour une conférence.

— Vous pensez qu'ils vont croire ça ?

— Pourquoi pas ?

— Parce que ça m'a l'air mince.

— C'est ce que je peux faire de mieux.

— Je le vois bien. Et puis ?

– Vous restez une ou deux nuits aux *Armes d'Emsworth*, à Market Blandings.

Howard ne montra pas d'enthousiasme à cette suggestion. C'était un homme qui aimait son confort.

– Les lits, là-bas, sont vraiment limite. Un type, au bar, hier, m'a dit qu'ils étaient rembourrés avec des noyaux de pêche.

– Alors, allez à Londres si vous voulez, mais laissez-moi votre numéro de téléphone, pour que je puisse vous dire quelle nuit vous devrez être sous la fenêtre. Vous ne pouvez pas emmener le tableau maintenant.

Howard regarda le nu étendu avec le même manque d'approbation que Lady Constance quand on le lui avait présenté.

– Pourquoi Trout veut-il tellement ce truc ?

– Elle ressemble à sa dernière femme.

– Pour moi, elle ressemble plutôt à un cochon.

– Pour Lord Emsworth aussi. Mais peu importe que vous pensiez que ce n'est pas Miss Amérique. Vous n'avez qu'à être sous la fenêtre pour gagner mille dollars. C'est dit ?

Puisqu'elle le prenait comme ça, Howard était tout à fait d'accord.

– Alors, c'est dit, reprit brusquement Vanessa. Et vous feriez mieux d'aller vous mettre au lit aussi vite que possible, parce que je vais leur dire de vous monter un plateau et ça aurait l'air drôle que vous n'y soyez pas.

Howard pesa le conseil et le trouva bon. Il commença à le suivre. Il alla vers la porte, l'ouvrit et la referma aussitôt.

Le nommé Halliday arrivait dans le couloir. Il était accompagné par le duc. Howard avait fermé la porte juste à temps.

CHAPITRE NEUF

1

John, tout en s'habillant dans la chambre du deuxième étage qui lui avait été allouée, se sentait extraordinairement bien. Son bain l'avait revigoré et, contrairement à Lord Emsworth, qui se préparait à regret, au bout du couloir, pour la soupe et le poisson, il aimait s'habiller pour dîner. Physiquement, il n'aurait pu être en meilleure forme, et il se persuadait que rien n'allait mal dans sa condition mentale. Il aurait nié avec fermeté si quelqu'un lui avait dit qu'il était nerveux.

Pensif, oui. Méditatif, certainement. Mais pas nerveux. Naturellement, il y aurait un certain embarras quand il rencontrerait Linda, mais il était sûr que la clarté avec laquelle il allait plaider sa cause aurait bientôt raison de ce que Gally avait appelé sa résistance. Linda était une fille sensée. Il était compréhensible qu'elle eût été ennuyée par ce qui s'était passé au tribunal quand Clutterbuck et Frisby bataillaient à l'audience, mais, maintenant, elle aurait eu le temps d'y réfléchir et ne pouvait manquer de voir les choses sous leur vraie lumière. Il lui expliquerait, en langage simple, dans quel dilemme il avait été placé, l'amour le tirant d'un côté et le devoir de l'autre, et elle applaudirait à son intégrité, réalisant qu'aucune fille n'aurait jamais la chance de trouver un mari possédant un plus haut standard éthique. Ils finiraient probablement par rire ensemble de toute l'affaire.

Il eut été ridicule de le décrire comme nerveux. Néanmoins, quand la porte s'ouvrit soudain à la volée sans prévenir, il bondit de plusieurs pouces en direction du plafond avec la nette impression que son cœur s'était écrasé contre ses dents de devant, les disloquant presque sur leur base. Revenant sur terre, il vit qu'il avait un visiteur. Un grand homme carré, densément moustachu, avec des yeux protubérants, était entré et le scrutait intensément, semblant particulièrement intéressé par la chemise qu'il venait de passer par-dessus sa tête. La curiosité du duc de Dunstable ne se confinait pas à la correspondance de Lady Constance, il pouvait aussi être intrigué par les chemises du soir d'autres personnes.

– Où avez-vous eu ça ? s'enquit-il.

– Je vous demande pardon ?

– Ceci, dit le duc en tendant un gros doigt. John répondit poliment qu'il l'avait obtenue au grand magasin *Blake & Allsop*, dans Haymarket. Sur quoi le duc, secouant la tête avec reproche, comme pour s'affliger des folies de la jeunesse, lui dit qu'il aurait dû aller chez *Gooch & Gordon*, dans Regent Street. Meilleur tissu et meilleur marché. Lui aussi, dit-il, avait été client de *Blake & Allsop*, mais il les avait trouvés trop onéreux. Il conseilla à John de reconnaître ses erreurs et d'aller chez *Gooch & Gordon* à l'avenir.

– Dites que vous venez de ma part.

Il ne donna pas son nom. Il avait la certitude que tout le monde le connaissait instinctivement et que les rares malheureux qui n'avaient pas cette faculté ne méritaient nulle considération. Une rapide réflexion, cependant, informa John que ce devait être l'homme que, si tout allait bien avec Linda à la table de conférence, il appellerait bientôt Oncle Alaric et il ressentit la chaude affection qu'il aurait eue pour tout parent proche de la fille qu'il aimait. Il aurait préféré un oncle plus mince, avec de plus petites moustaches et une voix plus mélodieuse, mais n'importe quel oncle à elle était bien pour lui. Il le remercia donc de ses avis avec une sincérité respectueuse dont il espérait qu'on voyait qu'elle venait droit du cœur.

– Comme ça, vous êtes le réducteur de tête ?

Prêt à répéter « Je vous demande pardon ? », John se souvint qu'on l'avait présenté comme le « jeune associé ». Il confirma donc ce fait, et le duc assura qu'il pensait que tous ces types avaient des barbes.

– Vous n'avez pas de barbe.

– Non, pas de barbe.

– C'est sans doute ce que voulait dire Connie quand elle prétendait que vous étiez jeune. Vous êtes jeune. Quel âge diriez-vous que vous avez, en fait ?

– J'aurai vingt-sept ans en septembre.

– L'un de mes abrutis de neveux a juste votre âge, l'autre étant un peu plus jeune, mais on ne peut pas juger les gens sur leur âge. Ils seront encore aussi idiots quand ils auront cinquante ans. Ils se sont mariés contre mon avis, tous les deux. Je suppose que vous êtes bien, si vous travaillez avec un gros ponte comme Glossop. Il est bon, lui ?

– Très.

– Un des meilleurs.

– Oh, absolument. Personne ne lui arrive à la cheville.

– Dommage qu'on n'ait pas pu l'avoir. Il faudra que vous fassiez l'affaire.

John affirma qu'il ferait de son mieux et le duc poursuivit.

– Threepwood vous a-t-il tout expliqué ? À propos d'observer Emsworth et tout ça.

– Oui. J'ai compris la situation.

– Vous l'avez déjà vu ?

– Pas encore.

– Vous pourrez lui jeter un coup d'œil au dîner. Threepwood vous a dit qu'il avait complètement perdu les pédales, bien entendu ?

– J'ai cru comprendre que Lord Emsworth était quelque peu excentrique.

Le duc n'aurait pas utilisé cette forme évasive. Prudence professionnelle, sans doute, mais cela l'ennuya.

– Excentrique, mon œil ! Il est cinglé jusqu'au trognon. Regardez comment il parle de son cochon. N'importe qui, ayant la moitié d'un œil, verrait qu'il est trop gras, mais il prétend qu'il est supposé être gras. Il dit qu'on lui a donné des médailles parce qu'il était gras, ce qui vous montre à quel point il est malade. Qu'est-ce qu'un cochon ferait avec des médailles ? La théorie de Threepwood est qu'il est comme ça parce qu'on lui a retiré sa tétine quand il avait six ans, mais je pense que c'est plus profond que ça. Je pense qu'il est né timbré, bien qu'il soit peut-être tombé sur la tête quand il était bébé, ce qui n'aurait rien arrangé. Mais vous pourrez former vous-même vos conclusions quand vous l'aurez observé un moment. Au fait, comment observez-vous un type ?

C'était une question épineuse pour quelqu'un manquant autant d'expérience que John, mais il fit de son mieux.

– Eh bien, je… Comment pourrais-je dire ? Je… Je l'observe.

– En lui posant des questions, vous voulez dire ?

– C'est ça.

– Vous ne pourrez pas le faire étendre sur un divan. Il aurait des soupçons.

– Non. Nous resterons debout.

– Et ça marche aussi bien comme ça ?

– Je l'ai toujours pensé.

– Alors, je vais vous laisser faire en toute confiance, vous allez mettre le doigt sur ce qui le rend comme il est. Threepwood m'a dit qu'il paierait votre note. Est-ce correct ?

– Oui, tout est arrangé.

– Je demande ça parce que je n'ai pas l'intention de vous donner d'argent pour savoir pourquoi Emsworth est cinglé.

– Monsieur Threepwood paiera toutes les dépenses.

– Bien. Je voulais que ce soit clair avant que vous ne commenciez. Et, je pense à quelque chose. Pendant que vous y êtes, pourquoi ne pas jeter un œil sur quelques-uns des autres, ici ? Faites-vous le travail en gros, ou prenez-vous tant par personne ? Non que cela m'inquiète, puisque ce n'est pas moi qui paye, mais je suis curieux.

– Je pourrais faire une réduction sur la quantité. Je trouverai sûrement un arrangement avec monsieur Threepwood. Vous pensez que quelques résidents du château auraient besoin d'un traitement psychiatrique ?

– Pratiquement tous. Le château de Blandings, en ce moment, est un véritable nid de timbrés. Prenez ma nièce… Que se passe-t-il ?

– Une crampe.

– C'est ce que j'ai pensé en vous voyant sauter. Je souffrais de crampes, moi-même. Mon docteur, dans le Wiltshire, m'a guéri. Mais je vous parlais de ma nièce. Le soir avant que je vienne ici, elle est rentrée à l'hôtel en fredonnant et en dansant, sans vouloir dire pourquoi. J'ai pensé, plus tard, qu'elle devait être amoureuse, mais je lui ai posé la question quand elle est arrivée ici et elle a dit que non. Et elle disait probablement la vérité car elle n'a plus ni fredonné ni dansé depuis. J'étais plutôt déçu, car j'espérais qu'elle était amoureuse d'un très gentil garçon que je connais, au Stock Exchange. Très riche. Il essaie de l'épouser depuis novembre dernier, et il va continuer. Cela ne devrait pas être long, pas avec quelqu'un de sa branche de la famille. Son père n'arrêtait pas de tomber amoureux, jusqu'à ce qu'il épouse ma sœur. Après, bien sûr, il a arrêté. Oui, j'aimerais que vous gardiez un œil sur elle, bien que, comme je disais, elle ne fredonne ni ne danse plus depuis quelques jours. On ne sait pas si elle ne va pas faire une rechute. Pendant que vous y serez, voyez aussi une miss Polk, qui séjourne ici. Une amie de Connie. Il y a quelque chose qui ne va pas, chez elle. Les premiers jours après son arrivée, elle était joyeuse et pleine de vivacité, elle parlait tout le temps à Threepwood, bien que je ne voie pas ce qu'elle lui trouvait d'intéressant, mais maintenant elle tombe dans le silence quand je suis avec elle. Une sorte de voile vient devant ses yeux, elle trouve une excuse et elle file. C'est encore arrivé ce matin, quand elle était assise sur un banc et que je suis arrivé et que je lui ai parlé. Mauvais signe.

– Vous avez peut-être abordé un sujet pénible.

– Non, ça ne peut pas être ça. Je lui parlais d'un discours que j'avais fait au conseil municipal. Étudiez-la et trouvez ce qui ne va pas. Et puis, commencez à observer les autres. Ne vous occupez pas de Connie, elle va à peu près bien, à part qu'elle a épousé un Yankee qui a la tête comme un oignon espagnol, mais on peut expliquer ça par le fait qu'il a des tas d'argent. Mais il y a un type nommé Trout, qui a sacrément besoin d'attention. Il n'arrête pas d'épouser des blondes. Et, bien sûr, il y a Threepwood.

– Je n'aurais pas pensé qu'il y ait quoi que ce soit de déséquilibré en lui.

– Il porte un monocle. Non, n'en négligez aucun. Étudiez-les de près. Bon, c'est tout. Vous avez compris l'idée. Descendons prendre un cocktail. Vous n'avez pas bien noué votre cravate. Je vais vous aider, dit le duc qui, de ses mains expertes, convertit la cravate de John en quelque chose ressemblant à une chaussette écrasée.

Cela fait, il le précéda vers l'escalier, parlant en marchant de son docteur du Wiltshire qui, bien que digne de confiance en ce qui concernait les crampes, devenait gaga à propos des apéritifs.

– Il prétend qu'ils élèvent la pression sanguine et durcissent les artères. Il voudrait que je ne boive que de l'eau gazeuse et de la limonade. Timbré, bien sûr, conclut le duc avant de s'arrêter en haut de l'escalier pour en dire plus long sur ce médecin maladroit.

Ce fut à ce moment qu'Howard Chesney, leur ayant donné ce qu'il pensait être le temps suffisant pour descendre, rouvrit avec précaution la porte de la galerie des portraits et passa la tête. Voyant qu'ils étaient encore là, il allait rentrer dans sa retraite comme le coucou dans son horloge quand il eut l'impression que son ange gardien lui murmurait qu'il y avait mieux à faire. Si, dit l'ange gardien, il se glissait sans bruit derrière John et lui donnait une poussée, John tomberait infailliblement en bas de cet escalier dont la surface avait récemment été testée et trouvée glissante à souhait, et probablement se casserait-il une jambe. Une conclusion qu'il appelait de ses souhaits, puisqu'il serait emmené à l'hôpital et qu'il ne serait plus nécessaire pour lui, Chesney, de quitter le château de façon à éviter une rencontre qui ne pouvait lui apporter que de l'embarras.

Il se glissa doucement en avant, comme un léopard convoitant sa proie.

2

Gally était dans le hall quand Linda descendit de sa chambre. Il l'accueillit d'un monocle étincelant.

– Hello, vous êtes rentrée ?

– Je suis rentrée.

– Vous vous êtes bien amusée ?

– Non.

– Aucun divertissement ?

– Non.

Gally hocha la tête d'un air sage.

– C'était bien ce que je craignais quand je vous ai vue partir. J'avais dans l'idée que vous alliez vous ennuyer. Je n'ai pas moi-même été éduqué dans une école de filles, mais je m'imagine ce qui se passe dans ce genre de réunion. On rejoue les vieux matchs de hockey, on récapitule les torts et les raisons de la grande querelle entre Angéla et Isabelle, on se souvient des pique-niques au dortoir et tous les Te-rappelles-tu-la-nuit-où-Flossie-a-été-malade-en-mangeant-du-cirage-à-chaussures-sur-son-pain-car-il-n'y-avait-plus-de-pâté-en-boîte ? Les poupées intelligentes évitent ce genre de raouts. Allez, hauts les cœurs ! C'est fini, maintenant, et vous ne serez pas assez stupide pour y aller l'année prochaine, alors faites-nous admirer ce sourire éclatant dont on m'a dit tant de bien. J'ai une surprise pour vous.

Le visage de marbre de Linda fut parcouru d'une grimace ou d'un tremblement momentané, mais elle demeura froide et distante. Gally, qui la surveillait de près, lui trouva une certaine ressemblance avec une fille qu'il avait connue, dans le bon vieux temps, et qui jouait la Reine des Neiges dans un ballet à l'Alhambra.

– Je sais, dit-elle, je reviens du lac.

– Oh, vous l'avez vu ?

– De loin.

– Il est encore mieux de près. Lui avez-vous crié « Oh Oh » ?

Elle ne daigna pas répondre à cette question, à moins qu'un rapide repli de la lèvre supérieure ne pût compter pour une réponse.

– Vous n'aviez pas besoin de vous donner tout ce mal, monsieur Threepwood.

– Appelez-moi Gally. Quel mal ?

– Ça a dû être vraiment dur de le faire venir ici.

– J'ai travaillé par affection.

– Vous avez perdu votre temps, parce que je ne lui parlerai pas.

– Non ?

– Non.

– Pas même un bonjour occasionnel ?

– Seulement s'il le dit d'abord.

– Vous allez le blesser.

– Très bien.

Nul n'aurait pu trouver son attitude encourageante, mais Gally était toujours difficile à décourager. Beaucoup de ses entrevues avec les bookmakers dans le temps avaient commencé sur un ton aussi peu prometteur, mais son éloquence et sa persuasion avaient réussi à en venir à bout.

Il ne voyait aucune raison de supposer qu'un homme ayant réussi à faire plier des individus aussi rudes que l'Honnête Jerry Judson et Tim Simms l'Homme de Confiance, serait vaincu par une simple fille, aussi à vif que fussent ses nerfs. Il poursuivit, sans se démonter.

– Je pense que vous faites une énorme erreur, ma chère enfant. Il ne serait pas très intelligent de refuser le bonheur de toute une vie, simplement parce que Johnny vous a légèrement énervée. Vous savez, au fond de votre cœur, qu'il est votre Prince Charmant et le rêve de votre vie. Jouez-vous au golf ?

– Oui. Pourquoi ?

– Le handicap de Johnny est six.

– Je sais.

– Quel est le vôtre ?

– Dix-huit.

– Eh bien, alors, pensez combien il améliorerait votre jeu. Avec sa présence constante à vos côtés, vous pourriez arriver à un handicap d'un seul chiffre. Toute fille a besoin d'un époux dont la tâche pleine d'amour sera de lui dire de baisser la tête et de garder l'œil sur la balle. Et, à part ça, le simple fait qu'après seulement quelques rencontres, vous ayez tous les deux été convaincus que vous étiez deux âmes sœurs, rend évidente la nécessité de tout faire pour que vous et John « l'Endormi » Halliday soyez à nouveau réunis.

En dépit de sa résolution de garder à la scène toute sa dignité et de ne pas se départir de sa froide hauteur, Linda eut un cri de surprise.

– John Quoi Halliday ?

– Son père, au baptême, a insisté sur « l'Endormi ». C'était son surnom, au Pélican Club et il voulait qu'il lui survive. Sa femme a fait des objections et le pasteur n'était pas trop content, mais il a gagné la bataille des fonts baptismaux. C'était un homme très résolu. Johnny aussi.

– Il peut être aussi résolu qu'il le désire. Je ne veux plus rien avoir à faire avec lui.

– C'est ce que vous pensez pour l'instant.

– Et ce que je continuerai à penser.

Gally soupira. Il ôta son monocle et se mit à le polir. Un travail haut de gamme, que celui-ci. Plutôt difficile de savoir comment procéder. Il comprenait ce qu'avaient ressenti ces charmeurs de serpents de l'Ancien Testament quand ils avaient essayé d'enjôler la vipère sourde et n'avaient abouti à rien. Il parla d'un ton plein de reproches.

– Vous savez où vous avez fait une bourde ?

– Où ai-je fait une bourde ?

– En laissant le soleil se coucher sur votre rancune, ce qui est la pire des choses à faire. Tous les experts vous le diront.

Linda resta silencieuse un moment. Elle semblait pensive.

– Je suppose que c'est ce que j'ai fait. Cependant, ce n'était pas exactement de la rancune.

– Ça y ressemble, pour moi.

– C'en était, au début. Mais, maintenant, ma vision est plus claire, si vous voyez ce que je veux dire.

– Je ne vois pas du tout.

– C'est difficile à expliquer.

– Essayez.

– Eh bien, après y avoir pensé longtemps, il m'a soudain semblé… Avez-vous jamais été déshabillé puis roulé dans le goudron et les plumes ?

– Pas que je me souvienne.

– Eh bien, c'est comme ça que je me sentais, dans le box des témoins, avec lui qui disait : « Je suggère » et « Ce n'est qu'un ouï-dire » et, soudain, j'ai réalisé que, si nous étions mariés, chaque fois que je le regarderais, j'y repenserais et qu'un mariage heureux serait impossible.

– Quelle bêtise !

– Ce n'est pas une bêtise. C'est du pur bon sens. D'ailleurs, aucune fille ne devrait jamais épouser d'avocat.

– Alors, la race des avocats s'éteindrait.

– Ce qui ne serait pas plus mal. Plus l'extinction serait rapide, mieux ça vaudrait.

– Je ne suis pas d'accord avec vous. Les avocats sont des gens très bien.

– Pas du tout. Ce sont des sadiques, jamais plus contents que quand ils torturent d'infortunés témoins.

– Ils ne font que leur devoir.

– Non-sens ! Ils prennent leur pied. Ils aiment ça.

– Pensez-vous que Johnny a aimé ça ?

– Oui. Je le pense.

– Eh bien, vous vous trompez. Il a souffert l'agonie. Son âme était déchirée. Mais c'était son devoir de continuer et de gagner le procès pour son client. Il prenait l'argent de Clutterbuck et il devait lui en donner pour cet argent. Il ne pouvait pas le laisser tomber sous prétexte que le témoin vedette de son adversaire se trouvait être la fille qu'il aimait. J'admire intensément John pour cela. Il est un exemple pour nous tous. Je le classe avec Lucius Junius Brutus.

– Qui ?

– Vous n'avez jamais entendu parler de Lucius Junius Brutus ?

– Non.

– Ils ne vous ont pas appris grand-chose, à votre école. Vous auriez dû aller à Eton. Je suppose que vous vous donniez tant de mal pour être dans l'équipe de hockey que vous en négligiez vos études.

– Je n'ai jamais joué au hockey.

– Au lacrosse, ou au ping-pong, ou à ce que vous vouliez. Lucius Junius Brutus était un juge du tribunal criminel, dans la Rome antique, et un jour, qui voit-il arriver devant lui, accusé d'un crime particulièrement juteux ? Son fils unique, la prunelle de ses yeux. Et, plus le procès avançait, plus il devenait évident que l'affaire était entendue et que l'accusation l'avait dans le sac. Même Perry Mason n'aurait pas pu le tirer de là. Est-ce que Lucius Junius Brutus l'a renvoyé avec quelques reproches paternels ? Lui a-t-il imposé une amende symbolique ou une peine avec sursis ? Non. Il a vu où était son devoir. Il a condamné le jeune délinquant au maximum et tout le monde a admiré le merveilleux homme qu'il était. Je ressens la même chose à propos de Johnny.

– Pas moi.

– Ça viendra. Donnez-vous le temps. Ne vous précipitez pas. Le jour viendra où vous serez fière de l'épouser.

– Je ne l'épouserais pas s'il était le dernier homme sur la terre.

– Il ne l'est pas. La question ne se pose donc pas.

– Je pense que je n'épouserai jamais personne.

– Bien sûr que si ! Vous épouserez Johnny.

– Jamais !

– Vous pariez ?

À ce moment, alors que la conversation semblait au point mort et les négociations dans l'impasse, John et le duc descendirent l'escalier ou, plutôt, le duc et John, car ils arrivèrent dans cet ordre. Ils ne vinrent pas du pas calme qui est de mise en bonne société, mais presque aussi rapidement que s'ils étaient descendus sur la rampe. Un moment, ils n'étaient pas là, l'instant d'après, ils y étaient.

169

On se souvient que, la dernière fois que nous avons vu ces deux acrobates amateurs, ils étaient en haut de l'escalier et qu'Howard Chesney s'avançait sur eux comme un léopard en quête d'une proie, ayant décidé de suivre ce qu'il avait trouvé être un excellent avis de son ange gardien. Il atteignit son but juste au moment où John mettait le pied sur la première marche, après avoir courtoisement laissé son aîné le précéder. Alors, suivant les instructions de son ange gardien, il plaça une main entre les omoplates de John et poussa.

Il poussa de toutes ses forces, et le résultat, de son point de vue, n'aurait pas pu être plus satisfaisant. L'escalier était aussi glissant que quand il l'avait lui-même dévalé et John, perdant pied, s'élança dans les airs comme le jeune et audacieux trapéziste volant que le poète a chanté. Il n'était pas allé bien loin quand il heurta le duc, et ils s'envolèrent tous deux avec, pour citer à nouveau le barde, la plus grande aisance. Arrivés dans le hall, ils se séparèrent. Le duc atteignit l'armure, à l'ombre de laquelle s'était tenu le récent conseil de guerre, tandis que John ne dépassait pas la table supportant les journaux et les magazines. Moins heureux qu'Howard Chesney, il la heurta de la tête. Il y eut un vilain claquement et, comme l'on dit, il n'eut plus conscience de rien.

L'une des choses dont il n'eut pas conscience était que, quand la table et lui se furent rencontrés, Linda s'était dressée, avait poussé un cri étranglé comme celui de l'ami de Gally qui avait avalé un cachet d'aspirine, et avait porté les mains à sa gorge à la manière d'une héroïne de pièce policière qui entend un hurlement dans la nuit. Elle traversa alors le hall à toute vitesse jusqu'à l'endroit où le blessé était étendu, remuée au plus profond d'elle-même.

Cet étalage de ses émotions aurait fait hocher la tête aux gouvernantes de Lady Constance mais Gally, en la suivant d'un pas plus lent, plus en rapport avec son âge avancé, le vit d'un monocle approbateur. Il lui semblait que les choses n'eussent pu se passer d'une manière plus satisfaisante. Il avait recommandé à son filleul d'avoir un accident, et il avait eu un accident. Et bien meilleur, à son avis, qu'un coup de pot à tabac en pierre sur la tête. Amplement suffisant pour réconcilier deux cœurs séparés. En un rien de temps, estimait-il, la poupée se jetterait sur la forme prostrée et la couvrirait de baisers.

Il avait raison. C'est ce qu'elle fit. Et John en reprenant connaissance – et avec elle l'impression qu'un mauvais plaisant avait substitué à sa tête une énorme citrouille vrombissante – leva des yeux égarés. Il avait vaguement conscience que quelqu'un l'avait embrassé. Il lui semblait à peine possible que Linda eût pu faire cela, mais elle était penchée sur lui et il valait mieux poser la question.

– Étais-tu en train de m'embrasser ? murmura-t-il.

– C'est ce qu'elle faisait, en vérité, s'écria Gally de bon cœur. Impossible d'en douter, mon garçon. Elle t'embrassait comme une tonne de briques. Et je pense que je parle en son nom quand je dis que tous les petits différends que vous pouvez avoir eus ont maintenant disparu et que l'aimable dieu de l'amour l'a, à nouveau, liée de ses chaînes soyeuses, juste comme dans le bon vieux temps, quand Clutterbuck et Frisby n'étaient rien que deux noms dans l'annuaire du téléphone. Correct, fillette ?

– Tout à fait correct.

– Cette pauvre épave humaine est officiellement rétablie comme la crème dans votre café et le sel dans votre ragoût ?

– C'est officiel.

– Alors, puis-je me permettre de vous suggérer de l'emmener jusqu'au lavabo pour lui baigner la tête à l'eau froide ? Tu as une belle bosse, Johnny. Je n'en avais pas vu de si grosse depuis le temps où j'assistais, le samedi soir, aux réunions du Pélican Club. Ton père était très doué pour attraper des bosses sur la tête, dues, en général, à des coups de bouteilles. Il avait toujours des discussions politiques avec les plus ardents des membres. Qu'est-ce que c'est que tout ce bruit ? dit Gally en changeant soudain de sujet.

3

Le bruit auquel il faisait allusion provenait du duc. Celui-ci gisait sous l'armure et donnait l'impression que, quels que fussent les maux dont il souffrait après sa chute, les poumons n'étaient pas atteints. Gally marcha jusqu'à lui et le contempla d'un œil compatissant. Il n'aimait pas beaucoup le duc, mais il avait bon cœur et pouvait voir qu'il n'était pas en grande forme.

– Vous vous sentez bien, Dunstable ? demanda-t-il, en se rendant compte que c'était une question idiote.

Le blessé lui enjoignit de ne pas faire l'imbécile.

– Bien sûr que non, je ne me sens pas bien. Je me suis foulé la cheville.

– Laissez-moi voir… Ça fait mal ?

– Ouch !

– Oui, c'est bien une foulure. Je sens l'enflure. Je vais vous emmener jusqu'à votre chambre. Oh, Beach, dit Gally quand l'observateur intéressé apparut à côté de lui. Sa Grâce s'est foulé la cheville.

– Vraiment, monsieur Galahad ?

– Voulez-vous me prêter la main. Et puis, vous pourriez téléphoner au docteur de venir le voir.

Après un voyage pénible, le duc fut déposé sur le canapé de l'appartement du jardin et Beach fila téléphoner. Gally, qui allait le suivre, fut stoppé par un brusque « Hé ! » de l'invalide. Il se retourna, s'attendant à d'autres informations sur le sujet des chevilles foulées, à propos desquelles l'autre s'était déjà montré loin d'être réticent, mais le duc aborda un nouveau sujet de conversation.

– Threepwood !

– Hello !

– Ouch !

– Vous souffrez ?

– Bien sûr que je souffre. Mais ce n'est pas ça. C'est à propos de ma nièce. Que diable lui a-t-il pris ?

– De quoi parlez-vous ?

– Vous le savez. Vous étiez juste à côté d'elle quand elle l'a fait. Vous avez tout vu. Enfin, mon vieux, même si vous portez un monocle, vous n'êtes pas aveugle. Elle embrassait le réducteur de tête.

Gally poussa une exclamation. C'était comme si sa mémoire venait d'être rafraîchie.

– Vous avez parfaitement raison. C'est ce qu'elle faisait. Oui, ça me revient, il gisait sur le sol et elle s'est penchée sur lui…

– Qu'est-ce que ça veut dire, penchée sur lui ? Elle s'est jetée sur lui comme un phoque savant sur un morceau de poisson et elle l'a embrassé.

– Oui, j'ai remarqué.

– À peu près cinquante fois.

– Oui, c'est probablement proche du compte exact. Et, naturellement, vous vous demandez pourquoi. Je peux vous l'expliquer en quelques mots. Elle est amoureuse de lui.

– Ne soyez pas stupide ! Elle ne l'a jamais vu. Je veux dire, pas avant ce soir. Il vient juste d'arriver. Ce sont deux parfaits inconnus l'un pour l'autre.

Gally vit que le temps était venu de desceller ses lèvres. Il aurait préféré reporter l'explication après son dîner, mais cela ne paraissait pas être dans le domaine des choses possibles. Il était évident que l'invalide n'aurait pas de repos sur son canapé tant qu'il n'aurait pas la solution du mystère qui l'intriguait. Il s'embarqua dans son récit avec la suave douceur qui lui avait gagné tous les cœurs au Pélican Club.

– Je crois que le temps est venu de vous mettre dans notre petit secret, Dunstable, bien que je n'aie pas eu l'intention de vous le dévoiler avant une opportunité favorable. En supposant que Johnny Halliday et votre nièce sont de parfaits inconnus, vous êtes loin du compte. Il la connaît depuis un bon bout de temps, pendant lequel il n'a pas arrêté de la poursuivre de ses assiduités. Vous savez comment c'est. Fleurs, déjeuners, regards ardents, mots murmurés et, dirais-je, bien que ce ne soit qu'une conjecture, flacons de parfum. Quelquefois, il se disait qu'il progressait, quelquefois il sentait qu'il n'arrivait à rien et le découragement s'abattait sur lui. On le voyait souvent, dans Hyde Park ou dans Kensington Gardens, effeuillant des marguerites et murmurant : « Elle m'aime, elle ne m'aime pas. » Et voilà que, il y a quelques soirs, prenant son courage à deux mains, il l'a demandée en mariage dans un taxi et ils se sont fiancés. C'était le soir où elle vous a tellement intrigué en fredonnant et en dansant, vous donnant l'impression que quelque chose n'allait pas dans les hémisphères de son cerveau et dans les fibres transversales que nous nommons *corpus callosum*, et qu'elle était, comme vous disiez brièvement, timbrée. Ce n'était pas un dérangement mental, Dunstable, c'était l'exubérance naturelle d'une jeune fille découvrant l'amour et le bonheur d'attendre le mariage et tous ses effets musicaux avec l'homme qu'elle adore à ses côtés en habit à queue et pantalons couleur de sac à éponge, et l'évêque ainsi que ses assistants du clergé faisant leurs trucs avec autant d'agitation qu'un peintre en bâtiment manchot du bras droit et souffrant d'urticaire. Et puis la réception, on se change pour s'éclipser, et la lune de miel sous des cieux ensoleillés, et tout le toutim.

À plusieurs reprises, le duc eût été heureux d'interrompre ce monologue, mais la fureur dans laquelle le mettait le sujet lui ôtait la parole et il ne pouvait que s'étrangler de rage. Il s'étranglait toujours quand Gally reprit.

– Mais, comme j'ai à peine besoin de le dire à un vieux combattant comme vous, la poursuite de l'amour vrai ne va pas toujours toute seule. Des circonstances peuvent survenir, qui amènent des querelles, dans le jeune couple. Johnny, malheureusement, s'est emmêlé les pinceaux et a parié sur le mauvais cheval. Son seul espoir de remettre les choses d'aplomb était de venir au château de Blandings pour plaider sa cause. Mais comment s'y prendre ? Ah, voilà qui demandait de la matière grise ! Il aurait été fatal de dire à Connie que c'était un de mes amis, mon filleul, en fait, car l'attitude de Connie envers le cercle de mes intimes a toujours été sévère. Sans s'ennuyer à étudier chaque cas individuellement, elle les a tous marqués comme indésirables. Je vous vois frémir à ce manque de discernement – du moins quelque chose semble vous faire frémir – mais Connie est comme cela. Alors, j'ai eu la brillante idée de l'amener ici pour psychanalyser Clarence. C'était faire d'une pierre deux coups, si je peux m'exprimer ainsi. Il pouvait passer ses matinées à s'expliquer avec sa poupée et s'occuper de Clarence l'après-midi et le soir. Cela me semblait parfait. Et, grâce à vous, puisque vous l'avez invité, il est venu et, de la façon la plus opportune, est tombé et s'est cogné la tête, avec un résultat pleinement satisfaisant, puisque votre nièce, oubliant toute animosité, s'est jetée sur lui, ainsi que vous l'avez si brillamment exprimé, comme un phoque sur un morceau de poisson, s'est mise à l'embrasser et continue probablement à l'embrasser en ce moment. En bref, la réconciliation est complète, l'amour est à nouveau fidèle au poste et vous pouvez commencer à faire des économies pour les cadeaux de mariage et à prendre des notes pour votre discours à la réception.

Même un narrateur de la force de Gally doit s'interrompre occasionnellement pour reprendre haleine. C'est ce qu'il fit alors, permettant au duc de convertir son monologue en dialogue. Pour la première fois il put prononcer une parole.

– Je n'ai jamais rien entendu d'aussi idiot de toute ma vie, dit-il.

Gally fut surpris et peiné. Il avait espéré une meilleure appréciation de son éloquence. Son monocle étincela de reproche.

– Vous me sidérez, Dunstable. N'approuvez-vous pas un jeune amour au printemps ? Non que ce soit le printemps, mais le principe est le même. J'aurais cru que vous pousseriez trois hourras ! et que, seule votre cheville groggy vous empêcherait de vous mettre à danser la danse des sept voiles. Vous me semblez pourtant avoir beaucoup de chance car, si vous perdez une nièce, vous gagnez un neveu.

– Ouch !

– Ne dites pas ouch. N'êtes-vous pas heureux de gagner un neveu ?

– Non. Pas du tout. J'en ai déjà deux et je ne peux pas les souffrir. Ils sont partis et ont épousé la lie de la terre sans m'en dire un mot. Cela n'arrivera pas à Linda. Je veux pour elle quelque chose de mieux que le jeune associé d'un docteur pour fous. Et vous pouvez dire de ma part à votre fichu filleul qu'il n'a pas la moindre chance de l'épouser. Inutile de discuter, je n'écouterai pas, déclara le duc.

D'ailleurs toute tentative de discussion fut empêchée par l'arrivée de l'homme-médecine, qui habitait au village de Blandings Parva, presque à l'ombre des murs du château, et avait pu apporter promptement ses services. Gally, relevé par sa présence de sa veille au chevet du malade, retourna dans le hall où il trouva John et Linda, le premier humide, la seconde arborant l'air satisfait d'un ange de bonté conscient d'avoir accompli de l'excellent travail. Il se hâta de les mettre au courant des derniers développements.

– Johnny, je viens de parler à ton futur oncle par alliance. Mais il prétend qu'il ne l'est pas.

– Qu'il n'est pas quoi ?

– Ton futur oncle par alliance. Je lui ai expliqué où en étaient les affaires, parce qu'il avait des difficultés à comprendre ce qui se cachait derrière tous ces baisers, et il a fermement nié que toi et ta petite chérie soyez sur le point de monter à l'autel. Il a dit qu'il ne le permettrait pas. Vous ne vous sentez pas bien ?

Ceci à Linda qui venait de le faire sauter en l'air en poussant un cri aigu, à peu près dans le même ton que celui qu'elle avait émis en voyant la tête de son bien-aimé entrer en conjonction avec la table sur laquelle on rangeait les journaux et les magazines. La lumière avait quitté ses yeux et ces yeux le regardaient d'une manière qui lui semblait extrêmement bizarre.

– Oncle Alaric a vraiment dit ça ? demanda-t-elle d'une voix sans timbre.

– Il l'a dit, et il avait l'air d'y croire. Mais, nom d'un chien ! Pour qui se prend-il, à vouloir vous dicter qui vous pouvez épouser ? Il n'a rien à voir là-dedans. Ce n'est pas comme s'il était votre père, il n'est que votre oncle, et un oncle très indésirable, en plus, le genre d'oncle qu'une jeune mariée cache le plus possible. Comment pourrait-il vous empêcher d'épouser qui vous voulez ?

– Mais il peut ! Il peut ! Oh, Johnny chéri, je n'ai pas eu le temps de t'en parler dans le taxi, ce soir-là, mais je suis sous tutelle judiciaire.

Elle allait probablement continuer et expliquer cette affirmation qui laissait Gally dans l'expectative, mais, à ce moment, Beach vint sonner le gong du dîner. Et quand Beach sonne le gong, aucune voix humaine ne peut entrer en compétition.

4

Tout au long du repas, Gally continua à réfléchir sur ces mots bizarres, espérant leur trouver une signification, mais aucun début de réponse ne lui vint à l'esprit. Ils lui semblaient bien, d'une manière nébuleuse, avoir une connotation légale, et, dans ce cas, ils devaient avoir un sens pour John mais, en présence de Connie, il ne pouvait pas demander d'explications à John. Il ne pouvait pas non plus remonter à la source et poser la question à Linda. Il en parla à Vanessa, qui était placée à côté de lui, mais elle lui dit que « tutelle » devait avoir quelque chose à voir avec l'agriculture, ce qui ne l'avança pas tellement.

Le dîner au château, sous le règne de Lady Constance, était une affaire formelle sans sortie en masse de tous les convives, à la fin. Les gentlemen étaient laissés à leur porto, exactement comme les gentlemen du temps de leurs pères. En conséquence, Gally dut attendre que les dames se fussent retirées et que Lord Emsworth fût allé enlever son col et enfiler ses pantoufles dans sa chambre pour pouvoir poser la question qui lui torturait les méninges. Avec une brusquerie, bien excusable en ces circonstances, il interrompit Wilbur Trout, qui avait commencé à raconter une histoire de commis voyageur, et dit :

– Quelqu'un d'entre vous sait-il ce qu'est une tutelle judiciaire ?

Wilbur, abandonnant son anecdote avec son amabilité coutumière, supposa que ça devait être le type qui amenait le machin quand l'avocat général demandait qu'on apporte l'arme du crime ou le mouchoir taché de sang ou toute autre preuve portant l'étiquette numéro un. Gally le remercia.

– Non, c'est une sorte de fille, dit-il. Je parlais à une fille, il y a peu, et elle m'a dit qu'elle était sous tutelle judiciaire, alors je me demande ce que ça veut dire.

John avait passé la plus grande partie du dîner en silence et Gally avait supposé que c'était parce que sa tête lui faisait mal. Les têtes de la jeune génération, s'était-il dit, n'étaient pas comme celles qu'il avait connues, au vieux Pélican, où il n'était pas habituel pour les membres d'en faire une telle histoire, même s'ils avaient été frappés avec une côte de bœuf. Il parla alors pour la première fois depuis le plat de poisson.

– Je sais ce qu'est la tutelle judiciaire, dit-il.

– Ah ! Je pensais bien que c'était quelque chose de légal.

– C'est comme être pupille de la Chancellerie, expliqua John.

Gally poussa un bref « Oh, mon Dieu ! ». Que ce soit par ses lectures ou parce qu'il avait entendu quelqu'un en parler, il avait une connaissance rudimentaire du statut des pupilles de la Chancellerie. Il commença à comprendre le sérieux de la situation.

John continuait à donner des explications d'une voix sans timbre, une voix d'outre-tombe. Il avait la même allure fatiguée qui lui avait valu des remarques dans le jardin des *Armes d'Emsworth* et avait déprimé le personnel de Paddington.

– Une fille qui est sous tutelle judiciaire est soumise à la règle du Décret de garde des enfants. Elle ne peut pas se marier sans le consentement du tribunal. Si le tribunal ne donne pas son consentement, une injonction de contrainte est déclarée contre l'autre partie.

Ayant mentalement traduit en langage courant, Gally ôta et polit son monocle, une chose que, comme il a été dit, il faisait rarement, sauf dans les moments de grande émotion. Quand il parla, ce fut comme si une autre voix arrivait d'au-delà la tombe.

– Tu veux dire qu'ils peuvent empêcher le mariage ?

– Exactement.

– Mais, ils pourraient ne pas le faire.

– Ils le feront si un parent proche de la pupille, son oncle, par exemple, y met une objection.

Gally fourbit fiévreusement son monocle. Il semblait chercher ses forces.

– Me dis-tu que si une pupille sous tutelle judiciaire veut épouser un type qui est l'un des meilleurs et que son oncle, un casse-pieds notoire, n'approuve pas, le tribunal lui dira qu'elle ne peut pas ?

– Oui, s'il lui tient lieu de parents.

– Monstrueux !

– C'est la loi.

– Qui a fait cette loi ?

– Je ne peux pas te le dire de tête.

– Eh bien, c'est une fichue injustice.

Wilbur Trout, qui avait écouté avec grand intérêt, posa la question qui venait naturellement à l'esprit.

– Et qu'est-ce qui arrive si l'autre partie dit à la cour d'aller se faire cuire un œuf et épouse la fille quand même ?

– On l'envoie en prison.

– Vous plaisantez !

– Non. C'est la loi. C'est un délit très grave.

– Alors, ça fait qu'on ne peut pas épouser une fille sous tutelle judiciaire ?

– Pas si un proche parent n'est pas d'accord.

– Eh bien, j'aurais bien voulu que quelques-unes de mes femmes soient dans ce cas-là et que leurs parents aient fait des objections, remarqua Wilbur. J'aurais économisé beaucoup d'argent.

5

Peu après avoir prononcé ces mots pleins de sagesse, Wilbur, ayant, comme le cerf à l'abreuvoir, bu tout son content, quitta la table en disant qu'il pensait aller s'entraîner encore un peu à la salle de billard et Gally eut la possibilité de parler franchement.

– Eh bien, voilà une vraie tuile, Johnny.

– Oui.

– Tu ne te trompes pas ?

– Non.

– Alors, les choses ne se présentent pas bien.

– J'en ai connu de meilleures.

– Pourquoi, crois-tu, Dunstable l'a-t-il fait mettre sous tutelle judiciaire ?

La réponse de John fut un peu brutale. Il n'avait pas son amabilité coutumière.

– Étant donné que je n'ai appris que c'était le cas qu'il y a une heure, je n'ai pas encore eu la possibilité de lui poser la question. Je n'en sais rien.

– C'est sans doute son expérience avec ses frères qui lui a mis cette idée dans la tête. Il m'en a parlé. Ils ont tous deux fait des mariages qu'il désapprouvait, et sans doute il s'est dit qu'il ne voulait pas que ça arrive avec Linda.

– Probablement.

– Juste le genre de coup bas qu'on peut attendre de lui.

– Oui.

– Et, c'est vraiment vrai que tu seras mis en taule si tu l'épouses ?

– Oui.

– Tu ne pourrais pas raisonner avec eux et leur faire comprendre que ton cas est vraiment spécial ?

– Non.

Gally poussa un soupir. C'était un dur combattant et il n'abandonnait pas facilement sous les coups et les outrages du Destin mais, en revoyant la position des affaires, il devait bien admettre qu'on ne pouvait pas la trouver prometteuse. Il sentait que n'importe quel connaisseur en turf, comme l'Honnête Jerry Judson, hésiterait longuement à donner une cote meilleure que cent contre un à propos du triomphe de ce jeune amour. Et dire que tout, jusqu'à maintenant, avait si bien marché !

– C'est vraiment une honte, dit-il en poussant un autre soupir, qu'après avoir négocié avec un tel succès toutes les haies et la rivière des tribunes, nous semblions nous faire coiffer au poteau. Non, je ne devrais pas dire ça. Nous ne devons pas perdre. Toujours garder le menton haut. Voilà ma devise. Il doit y avoir bien des moyens de se sortir de cette situation.

– Cite-m'en trois.

– Il faut que j'y réfléchisse, bien sûr.

– Longtemps !

– Le point important est que tu es bien établi au château, porte à porte pourrait-on dire avec Dunstable, et donc en excellente position pour te faire apprécier de lui et pour t'arranger pour qu'il te regarde comme un fils. Il faut qu'il apprenne à t'aimer. Tu dois faire éclore ta personnalité devant lui comme une belle fleur. Tu dois t'arranger pour qu'il se dise : « Par Jupiter, j'avais tort à propos de ce type. Maintenant que je le connais mieux, je vois qu'il est le sel de cette fichue terre, et ce sera un plaisir et un privilège de danser à son mariage. » Es-tu allé prendre de ses nouvelles ?

– À quel propos ?

– De sa cheville. Il se l'est foulée et il gît sur son lit de douleur. C'est le bon moment. Va lui remonter le moral.

– Il le faut ?

– Ça pourrait faire la différence. Vas-y maintenant.

– Ou demain, peut-être ? Ou le jour d'après ?

– Non. Maintenant. Pourquoi hésites-tu ?

– Il a plutôt mauvais caractère.

– Pas du tout ! Il est doux comme un agneau.

– Hum !

– Ne dis pas « Hum ! ». On n'arrive à rien en restant assis sur son derrière en disant « Hum ! ». Tu veux épouser cette poupée, non ? Eh bien, il est évident que la première chose à faire c'est de passer de la pommade au duc. Alors, vas-y. Danse devant lui. Pose-lui des devinettes. Raconte-lui des histoires. Chante-lui des berceuses. Amuse-le avec des tours de cartes.

– Bon. Si tu le dis, dit John, dubitatif.

Sa rencontre avec le duc de Dunstable avait été brève, mais il sentait bien qu'il n'avait aucune envie de faire plus ample connaissance.

CHAPITRE DIX

1

Lord Emsworth alla se coucher ce soir-là dans un certain état d'agitation. Pour un homme sensible, le spectacle d'une cascade de gens dévalant l'escalier est toujours un peu perturbant, et sa réaction aux événements ayant précédé le repas du soir avait été une augmentation de sa pression sanguine semblable à celle contre laquelle son docteur du Wiltshire avait prévenu le duc. Ses centres nerveux vibraient encore quand il atteignit sa chambre et il n'est pas surprenant qu'il ait mis longtemps avant de s'endormir.

Et même quand le sommeil vint enfin il fut de courte durée, car vers trois heures du matin il fut victime d'une de ces interruptions du repos qui ne sont pas inhabituelles dans les districts ruraux. Une chauve-souris, voletant dans l'obscurité à l'extérieur, prit un mauvais virage dans sa ronde nocturne et entra par la fenêtre qui avait sainement été laissée ouverte. Elle se mit alors à tourner en cercles dans la chambre, à la stupide manière sans but des chauves-souris, qui sont notoirement parmi les créatures de Dieu les moins douées intellectuellement. Montrez-moi une chauve-souris, dit un vieux proverbe, et je vous montrerai quelque chose qu'on ne devrait pas laisser entrer dans une maison.

Lord Emsworth ne se rendit pas immédiatement compte qu'il avait un colocataire car quand il dormait il était difficile à éveiller. Mais, après que la créature eut frôlé son visage une ou deux fois, il commença à avoir le sentiment, si souvent éprouvé par les acteurs d'histoires de fantômes, qu'il n'était pas seul. Il s'assit dans son lit, cligna plusieurs fois des yeux et fut finalement capable de vérifier sa supposition.

Malgré son tempérament rêveur, qui l'incitait dans la plupart des crises à rester tranquille en laissant tomber sa mâchoire inférieure, il savait à l'occasion être un homme d'action. Il ramassa son oreiller et, en en frappant l'intrus, réussit à la longue à le persuader de repartir là où on l'appréciait. Mais, maintenant, il était tout à fait éveillé et savait qu'il ne retrouverait pas le sommeil avant de s'être calmé les nerfs en lisant un moment un livre porcin. Il en avait un sur sa table de nuit, un nouveau qui était arrivé par le courrier du matin, dans lequel il ne s'était pas encore plongé. Il le prit et fut bientôt passionné.

C'était un de ces livres porcins ultramodernes, sans nul doute l'œuvre d'un jeune surdoué frais émoulu de son université d'agronomie, et il le choqua beaucoup par ses positions d'avant-garde sur des sujets tels que les pâtées et les bouillies de son, opinions que n'auraient jamais soutenues des penseurs orthodoxes comme Whiffle et Wolff-Lehman. Mais il était, cependant, indéniablement intéressant. Il vous accrochait. Il fallait qu'il continuât à lire pour voir comment ça finissait et, ce faisant, il arriva au chapitre cinq et au passage sur la pilule vitaminée nouvellement découverte, permettant de stimuler les appétits porcins.

**ROBERT PENN
WARREN**

Les Fous du Roi

SINCLAIR
LEWIS

Elmer Gantry

Le charlatan

ROBERT
VAN GULIK

Le Jour
de Grâce

GIOVANNI
VERGA

Cavalleria rusticana

et autres nouvelles siciliennes

MICHAEL
ARLEN

Le Chapeau vert

ELIZABETH
VON ARNIM

Les aventures
d'Elizabeth à Rügen

ELIZABETH
VON ARNIM

Vera

PÉTER
NÁDAS

Amour

PARTEZ EN TERRES ÉTRANGÈRES

WODEHOUSE

Les caprices
de Miss Bennett

WODEHOUSE

Un pélican
a Blandings

INÉDIT

WODEHOUSE

Si j'étais vous

INÉDIT

**GLADYS
HUNTINGTON**

Madame Solario

CURZIO
MALAPARTE

Sodome et Gomorrhe
suivi de
La tête en fuite

JOSEPH
ROTH

À Berlin

**SIEGFRIED
KRACAUER**

Rues de Berlin
et d'ailleurs

**NATHANIEL
HAWTHORNE**

La lettre
écarlate

Vous venez d'acheter cet ouvrage et nous vous en remercions vivement. Pour mieux vous satisfaire, merci de nous signaler les domaines qui vous intéressent particulièrement :

O Antiquité
O Moyen-Âge
O Renaissance
O Histoire moderne et contemporaine
O Philosophie

O Art
O Littérature
O Linguistique et Philologie
O Économie et société

Vous souhaitez recevoir :

O Nos avis de nouveautés   O Nos catalogues

Nom, prénom : . . . .

Adresse postale : . . . .
. . . .
. . . .

Email : . . . .

Retrouvez nous en ligne : www.lesbelleslettres.com
www.facebook.com/LesBellesLettres
www.twitter.com/BellesLettresEd

Couvertures de la collection "Domaine Étranger" © Les Belles Lettres, 2015

Société d'édition
Les Belles Lettres

95, boulevard Raspail

75006 Paris

FRANCE

« C'est idiot ! » aurait dit Whiffle. « Balivernes ! » aurait ajouté Wolff-Lehman. Mais, sur son esprit crédule, cela fit une profonde impression. Il eut le même sentiment qu'un astronome qui voit une nouvelle planète se profiler dans sa lunette ou comme le sévère Cortés quand son œil d'aigle aperçut le Pacifique. Quelque chose, dans ces lignes, était exactement ce qu'il espérait trouver depuis que l'Impératrice avait décliné l'offre de sa pomme de terre. Banks, le vétérinaire de Market Blandings, et Cuthbert Price, son porcher, avaient essayé de l'entraîner dans une fausse sécurité en prétendant qu'aucune importance ne devait être attachée à ce qu'ils appelaient un caprice du noble animal, mais ils n'avaient pas vraiment mis son esprit en repos. Il restait convaincu qu'un stimulant artificiel était nécessaire et voilà que le chapitre cinq de *Regards sur le cochon* lui présentait exactement ce qu'il cherchait. À administrer deux fois par jour, dans un peu de lait caillé, recommandait l'auteur et, bien qu'il ne dise pas en toutes lettres que, si on poursuivait le traitement, le patient sauterait en remuant la queue sur tout ce qui serait au menu, on voyait bien qu'il pensait que c'était ce qui se passerait car il promettait spécifiquement une augmentation du tour de taille d'au moins trois centimètres en quelques jours.

Le chapitre six n'était sûrement pas moins intéressant, mais Lord Emsworth était trop impatient pour rester là à le lire. Il sauta du lit, son pince-nez frémissant sur son nez. Il fallait, sans perdre un instant, informer J. G. Banks de cette sensationnelle découverte. Il ne pouvait pas attendre pour l'appeler au téléphone. Il attendit, cependant, un temps considérable car, après avoir retrouvé ses pantoufles, dont l'une s'était égarée sous son lit, il se rappela que le seul téléphone disponible était dans la bibliothèque. Pour atteindre la bibliothèque, il fallait passer par la chambre où dormait sa sœur Constance. Et quand il s'imagina Connie s'éveillant et le surprenant, il expérimenta à peu près la sensation de ceux qui ont vécu en Orient quand ils ont une récurrence de leur vieille malaria.

Mais ce ne fut qu'une faiblesse passagère. Il pensa à ses ancêtres Croisés, en particulier à Sir Pharamond qui fit de si grandes prouesses à la bataille de Jaffa. Sir Pharamond, avec toutes ses médailles, aurait-il permis à une sœur de l'intimider ? Bien sûr, peut-être que Sir Pharamond n'avait pas une sœur comme Connie, mais quand même… Deux minutes plus tard, s'armant de courage pour cette périlleuse aventure, il se mit en route.

2

Il n'est pas faux de dire qu'en prenant le départ Lord Emsworth se sentait calme, confiant et sans souci ; mais un ami sage, qui avait lu Thomas Hardy et avait appris des œuvres de cet auteur pessimiste combien souvent et facilement les entreprises humaines sont ruinées par un acte imprévu de Dieu, l'aurait prévenu contre toute complaisance prématurée. On ne savait jamais, lui aurait-il dit, à quel tournant le Destin nous attend avec sa chaussette pleine de sable. « Regarde où tu marches, Emsworth », aurait-il dit.

Ce dont, bien sûr, étant donné l'obscurité, Lord Emsworth était bien incapable. Rien ne vint donc lui dire qu'un considérable acte de Dieu le guettait devant la porte de Lady Constance, tout prêt à son avènement. Il s'en aperçut quand il mit le pied dessus et que le monde sembla s'écrouler, non dans une plainte, mais dans un *bang*.

On peut se demander si, en de telles circonstances, Sir Pharamond eût gardé son calme, quelque homme de fer qu'il fût considéré par ses collègues Croisés. Le choc paralysa son descendant. Lord Emsworth s'étouffa, immobile, saisi par le sentiment désagréable que sa colonne vertébrale avait percé sa boîte crânienne. Il n'était pas particulièrement superstitieux, mais il commençait à croire que rôder dans la nuit ne lui portait pas chance.

La terreur se mêlait à sa consternation. Il se souvenait que son frère Galahad lui avait conseillé de ne pas faire une habitude de renverser les tables en pleine nuit, mais la chose avec laquelle il était entré en collision n'était pas une table. Il faisait trop noir pour lui permettre de se prononcer avec certitude, mais ça semblait être un plateau portant du verre et de la porcelaine, et il ne voyait aucune raison pour que le couloir fût pavé de plateaux.

L'explication était absurdement simple. Lady Constance ayant parfois du mal à s'endormir, son docteur, à New York, lui avait recommandé, pour aider le marchand de sable, de prendre un fruit et un verre de lait juste avant de se mettre au lit. Quand elle les avait consommés, elle avait l'habitude de mettre le plateau devant sa porte, prêt pour que la femme de chambre pût le prendre au matin, mais prêt aussi, comme on l'a vu, pour que son frère Clarence marchât dessus de toute la force de ses pantoufles. Thomas Hardy aurait vu dans toute cette affaire l'une des petites ironies de la vie et en aurait tiré un roman de vingt mille mots.

Les conditions étant telles qu'elles viennent d'être décrites, un esprit plus rapide que Lord Emsworth aurait extrait son pied des débris et aurait disparu dans la nuit dans un délai minimum. Lui cependant resta immobile et l'était encore quand, juste comme c'était arrivé la dernière nuit où il était sorti, la porte s'ouvrit et la lumière inonda la scène. Elle était accompagnée de Lady Constance en robe de chambre rose, tel un personnage de tragédie élisabéthaine. Avec beaucoup d'emphase sur la première syllabe, elle dit : « CLArence ! »

Il se peut que quelque chose du courage de ses ancêtres soit demeuré en Lord Emsworth, ou qu'un choc soit capable d'endurcir le plus calme des hommes. Quoi qu'il en soit, il présenta un splendide front impavide et sa réponse fut cinglante.

– Qu'est-ce que ce plateau fait ici ?

C'était une question test, mais Lady Constance n'était pas facile à battre à ce jeu-là. À l'école de Roedean, elle avait fait partie de l'équipe de rhétorique. Sa réplique, et c'était la bonne, vint sans hésitation.

– Peu importe ce qu'il fait là ! Qu'est-ce que tu y fais, toi ?

– Des plateaux plein le sol !

– Tu sais quelle heure il est ?

– J'aurais pu me blesser grièvement.

– Tu aurais aussi pu aller te coucher.

– J'étais au lit.

– Alors pourquoi n'y es-tu pas resté ?

– Je ne pouvais pas dormir.

– Tu n'avais qu'à prendre un livre.

– J'ai lu un livre. C'était ce nouveau livre sur les cochons qui est arrivé ce matin. Terriblement intéressant.

– Alors, pourquoi n'es-tu pas en train de le lire, au lieu de te promener dans la maison à quatre heures du matin ?

Là, elle tenait un argument. Lord Emsworth étant un homme raisonnable, il s'en aperçut. De plus, le courage de ses ancêtres avait commencé à l'abandonner pour être remplacé par une humeur plus portée aux excuses qu'aux croisades. Il sentait qu'il devait à Connie une explication et, heureusement, il en avait une excellente sous la main.

– J'allais téléphoner à Banks.

– Tu allais quoi ?

– J'allais appeler Banks au téléphone.

Lady Constance fut obligée de déglutir deux fois avant de pouvoir articuler un mot. Quand elle parla, ce fut presque dans un murmure. Toute forte femme qu'elle fût, il l'avait secouée.

– Crois-tu que ta banque est ouverte à quatre heures du matin ?

Cette illustration de la tendance des femmes à tout mélanger amusa Lord Emsworth. Il sourit avec indulgence.

– Pas ma banque. Banks, le vétérinaire. Je voulais lui parler d'une merveilleuse pilule vitaminée pour les cochons qui vient juste d'être découverte. C'était dans le livre que je lisais.

Lady Constance déglutit à nouveau. Elle se sentait étrangement faible. Lord Emsworth, bien que d'ordinaire peu observateur, nota son agitation et fut frappé par une idée.

– Il est un peu tard, bien sûr.

– Un peu.

– Il sera peut-être couché.

– C'est possible.

– Penses-tu que je ferais mieux d'attendre le breakfast ?

– Je le pense.

Lord Emsworth soupesa gravement cette idée.

– Oui, tu as raison, Connie, dit-il enfin. Banks pourrait être ennuyé. Il n'aimerait peut-être pas être dérangé dans son sommeil. Je le comprends, maintenant. C'est sensé, de ta part, d'y avoir pensé. Après le déjeuner, ce sera parfait. Alors, je te souhaite bonne nuit. Tu vas retourner te coucher, bien entendu ?

– J'en serais heureuse.
– Capital, capital, capital.

3

Les pensées de la jeunesse, a dit Henry Wadsworth Longfellow (1805-1882), sont de longues pensées et celles de l'âge moyen aussi, si les conditions s'y prêtent. Celles de Lady Constance l'empêchèrent de s'endormir longtemps après qu'elle fut retournée entre ses draps. Son esprit luttait fiévreusement avec le problème présenté par le cas limite auquel elle venait d'être confrontée. En retrouvant Lord Emsworth après un long séjour à New York où elle n'avait rencontré que des hommes rationnels – bornés, pour certains et enclins à restreindre leur conversation aux variations de Wall Street, mais néanmoins parfaitement rationnels – elle trouvait en lui, plus encore que la dernière fois, un sujet d'anxiété. Nulle sœur ne pouvait le voir sans inquiétude. Il y avait une expression américaine qu'elle avait entendu prononcer par son mari, à propos d'une de leurs relations de l'état mental duquel il avait une pauvre opinion, qui semblait aller à Lord Emsworth comme un gant. C'était l'expression : « il n'a pas toutes ses billes ». Ce qui s'était passé dans les quelques jours précédents et, particulièrement cette nuit, lui avait laissé la conviction que, quels que fussent les mérites du neuvième comte d'Emsworth, il offrait une excellente cible aux critiques de James. Il était aimable, il était propre, sobre et obéissant, mais les billes en sa possession étaient virtuellement inexistantes.

Passons les preuves au crible. Il se promenait de çà de là la nuit, pas seulement une nuit, mais pratiquement chaque nuit. Il trébuchait sur des chats qui n'étaient pas là. Il affirmait que des tableaux avaient disparu alors qu'ils étaient en pleine vue, juste en face de lui. Et, si elle ne l'en avait empêché, il aurait appelé au téléphone à quatre heures du matin un vétérinaire qui travaillait dur, pour lui parler de pilules vitaminées pour les cochons. C'était une impressionnante liste de qualifications à l'admission dans une bonne maison de repos où il bénéficierait de soins attentifs et d'une agréable compagnie.

Bien sûr, il se pouvait que le traitement de ce monsieur Halliday amenât une amélioration, ramenant son stock de billes à un niveau acceptable, mais elle était incapable de partager la confiance qu'Alaric et son frère Galahad paraissaient avoir en monsieur Halliday. L'ayant rencontré avant d'aller se coucher, elle l'avait questionné sur ses méthodes, et ses réponses lui avaient semblé vagues et confuses. C'était sans doute dû à l'incapacité d'un spécialiste à se faire comprendre d'un profane, mais cela l'avait mise mal à l'aise.

Et il était si jeune. C'était peut-être là l'ennui. Elle ne voyait pas d'inconvénient à ce que certains hommes fussent jeunes, les serveurs, par exemple, ou les policemen, ou les représentants du pays aux jeux Olympiques, mais un homme dont la profession était de se plonger dans le subconscient des gens et de noter ce qui en sortait devrait être plus âgé. Ce fut avec cette pensée, qui la taquinait comme une rage de dents, que Lady Constance s'endormit.

Elle était toujours là quand elle s'éveilla et ses doutes s'amplifièrent, au breakfast, quand elle eut la pleine opportunité de l'observer et de le soupeser. Elle se leva de table plus convaincue que jamais que, pour corriger les anomalies de conduite de son frère Clarence, il était bien trop jeune.

Après le breakfast, elle alla à l'appartement du jardin pour voir le duc et l'assurer de sa sympathie féminine, espérant que sa blessure n'aurait pas pour effet de faire empirer son caractère toujours incertain. Dans le passé, de bien moindres provocations qu'une cheville foulée l'avaient souvent rendu tel qu'une femme, enfermée avec lui, avait l'illusion de se trouver en présence de quelque chose sorti du Livre des Révélations.

À son grand soulagement, il parut raisonnablement placide. Il était assis dans son lit, fumant un cigare et lisant le journal local, l'*Argus de Bridgnorth, Snifnal et Albrighton*, dans lequel étaient incorporées les *Nouvelles du Céréalier et la Gazette des Éleveurs*.

– Oh, c'est vous, dit-il.

Elle eût aimé un salut plus amical, mais elle pensa avec philosophie que c'était mieux que certains des saluts qu'elle aurait pu recevoir. Elle se força à sourire gaiement.

– Eh bien, Alaric, comment allez-vous, ce matin ?

– Lamentable.

– Votre cheville vous fait souffrir ?

– Comme l'enfer.

– Mais, ça aurait pu être pire.

– Comment ça ?

– Vous auriez pu vous casser le cou.

– Ce n'est pas la faute de ce maudit réducteur de tête, si ce n'est pas le cas.

– Je voulais vous parler de monsieur Halliday. J'ai beaucoup pensé à lui.

– Moi aussi. Tamponner les gens et les pousser en bas de l'escalier.

– Il est très jeune.

– Ce n'est pas une excuse. Quand j'avais son âge, je ne faisais pas tomber les gens dans les escaliers.

– Je veux dire que je ne le crois pas assez vieux pour être d'aucune aide à Clarence. Je n'arrive pas à croire que vous l'ayez engagé.

– Il fallait bien engager quelqu'un, non ? Emsworth a besoin d'un traitement de toute urgence.

– Oui, c'est vrai. Je suis tout à fait d'accord avec vous là-dessus. Savez-vous, Alaric, qu'il se promenait encore dans la maison vers trois heures du matin. Il disait qu'il allait téléphoner au vétérinaire à propos d'une quelconque pilule vitaminée pour les cochons qu'il avait trouvée dans un livre qu'il lisait.

– À trois heures du matin ?

– Il était plus près de quatre heures. Il m'a réveillée.

– Alors, c'est pour ça que vous avez cette tête affreuse, dit le duc, heureux d'avoir résolu le mystère. On dirait quelque chose que le chat vient de rapporter. Bon, vous avez compris, alors. Sa folie s'amplifie et la présence d'Halliday est essentielle. Il doit se mettre au travail immédiatement, il n'y a pas un moment à perdre. Aujourd'hui, Emsworth téléphone aux gens à quatre heures du matin, demain, il se prendra probablement pour un œuf poché. Il est bien dommage, dans un sens, que vous deviez rentrer en Amérique. Non que vous soyez d'une grande aide, si vous restiez, mais, plus il y aura de gens pour garder un œil sur lui, mieux ça vaudra, et vous ne pouvez pas vous attendre à ce que je reste ici pour toujours. Aussitôt que ma cheville sera guérie, je dois retourner dans le Wiltshire, pour voir comment vont les réparations de ma maison. Il faut surveiller ces types d'un œil de faucon.

– Mais, Alaric…

– Ils ne font rien si vous n'êtes pas sans arrêt sur leur dos. Je ne leur donne pas mon bon argent juste pour rester là, immobiles comme des statues, sans rien bouger, à part leurs lèvres pour raconter des histoires salaces. Plus tôt ils comprendront ça, mieux ça vaudra.

– Mais Alaric, je ne retourne pas en Amérique.

– Mais si.

– Je reste ici pour le reste de l'été.

– Pas du tout.

– Et James viendra me rejoindre quand il en aura fini avec les affaires sur lesquelles il travaille.

– Non, il ne viendra pas. Elles vont lui prendre plus longtemps qu'il ne s'y attendait, et il veut que vous rentriez tout de suite. Tout est dans sa lettre. C'est vrai, j'ai oublié de vous le dire. Il vous a écrit une longue lettre, et elle a été mélangée à mon courrier.

Un cri bref échappa à Lady Constance.

– Vous l'avez lue ?

– Pas tout. J'ai sauté les passages ennuyeux.

– Mais, vraiment, Alaric !

– Comment pouvais-je savoir qu'elle n'était pas pour moi ?

– D'après le nom, sur l'enveloppe, peut-être.

– Je ne l'ai pas remarqué.

– Et par le début.

– Elle commence par : « Chérie ». Elle ne vous mentionne nullement. Quelle importance, de toute façon ? Je vous ai donné le résumé. Vous n'avez plus besoin de la lire.

– Je veux ma lettre !

– Alors, vous allez devoir ramper sous le lit, parce c'est là qu'elle est tombée, dit le duc avec la suffisance d'un membre du Parlement donnant un argument irréfutable dans un débat. Un courant d'air l'a fait s'envoler. Vous allez vous couvrir de poussière, parce qu'elle est partie tout au fond.

Lady Constance se mordit les lèvres. Cela lui fit un peu mal, mais cela valait mieux que de mordre Alaric, duc de Dunstable.

– Je vais sonner Beach.

– À quoi bon ? Beach ne peut pas ramper sous les lits.

– Il enverra chercher le garçon qui nettoie les couteaux et les bottes.

– D'accord, qu'il vienne. Mais, je ne lui donnerai pas de pourboire, dit le duc.

Sur cette note sordide, la conversation s'acheva.

Lady Constance quitta la chambre du malade dans un état d'agitation considérable. Elle était toujours agacée de devoir changer ses plans, et cette fois c'était particulièrement énervant. Elle avait tellement attendu d'avoir son James avec elle au château, pas seulement parce qu'elle l'aimait et qu'elle sentait que des vacances dans ce paisible environnement lui feraient beaucoup de bien, mais parce que la fréquentation de cet être calme et sensé aurait été si bénéfique pour Clarence. La pensée de laisser ce dernier aux soins d'un enfant comme cet immature Halliday, si peu capable de superviser son traitement, l'effrayait. Qui pouvait dire de quelle bévue ce gamin était capable ? Et qui, ajoutait une voix intérieure qu'elle ne pouvait ignorer, pouvait dire ce que Clarence serait capable de faire en son absence ? Probablement prendre tous ses repas dans la bibliothèque, rester dehors toute la journée et ne jamais permettre à Halliday de l'approcher.

Elle atteignit son boudoir, sonna Beach, lui dit de donner instruction au garçon qui nettoyait les couteaux et les bottes d'aller dans l'appartement du jardin et de se mettre à ramper. Puis, pendant plusieurs minutes, elle resta immobile à regarder par la fenêtre, perdue dans ses pensées, et fut récompensée par une idée. À l'époque où on avait eu recours à ses services, Sir Roderick Glossop n'était pas libre, sans doute parti s'occuper d'un cas pour lequel il était indispensable. Mais il était possible qu'il fût libre maintenant de venir passer quelques jours au château et même quelques jours d'un tel expert pourraient être suffisants. De toute façon cela valait la peine d'essayer. Elle prit le téléphone et une voix de secrétaire lui répondit.

– Bureau de Sir Roderick Glossop.

– Pourrais-je parler à Sir Roderick ?

– Je suis désolée, il est en Amérique. Nous envoyons tous ses malades à Sir Abercombie Fitch. Voulez-vous son numéro ?

– Inutile, merci. Vous parlez, je suppose, des malades dont son associé ne s'occupe pas.

– Pardon ?

– Son jeune associé.

– Sir Roderick n'a pas de jeune associé.

Lady Constance garda son calme, au moins en ce qui concernait sa diction. Les dames ne trahissent pas leurs émotions, ma chère Connie, pas même au téléphone.

– Il semble y avoir eu une confusion. Je suis Lady Constance Schoonmaker, j'appelle du château de Blandings, dans le Shropshire. Il y a, au château, un jeune homme nommé Halliday qui, selon mon frère, est le jeune associé de Sir Roderick Glossop. Vous ne savez rien de lui ? Il ne pourrait pas être l'associé de Sir Abercombie Fitch ?

– Sir Abercombie n'a pas d'associé.

– Vous êtes sûre ?

Il y eut une brève respiration à l'autre bout du fil. La question avait offensé. Il ne faut jamais demander aux secrétaires si elles sont sûres. La réponse de celle-ci fut glaciale.

– Ouais. Je suis sûre.

– Merci, dit Lady Constance.

Mais elle remerciait sans chaleur. Elle reposa le récepteur, respira à fond une ou deux fois et partit voir le duc sur ses pieds ailés.

Le docteur était avec lui quand elle entra en coup de vent dans sa chambre. Elle fut obligée d'attendre tandis qu'il baignait et bandait la cheville, accompagnant ses activités d'observations amicales sur le temps et autres sujets. À la fin, il dit :

– Bon, nous semblons nous remettre parfaitement, et il s'en alla.

Le duc ralluma son cigare qu'il avait temporairement abandonné.

– Semble être un type compétent, ce type, dit-il. Combien peut-il se faire, par an, à votre avis ? Ça ne doit pas payer tellement d'être médecin de campagne, quoique le mien, dans le Wiltshire, ne s'en tire pas mal. Mais, là-bas, il y a un bon nombre d'alcooliques chroniques, ça l'aide.

Lady Constance n'était pas d'humeur à spéculer sur les revenus des médecins ruraux. Elle plongea sans délai dans ce que les légistes appellent le *res*.

– Alaric, je veux tout savoir à propos du nommé Halliday.

Le duc tira un moment sur son cigare, comme s'il tournait la question dans son esprit.

– Que voulez-vous dire par tout ? Je ne connais rien de lui, sauf que c'est le jeune associé de Glossop et qu'il a l'incroyable culot de vouloir épouser ma nièce. Mais j'y ai mis le holà. Elle est sous tutelle judiciaire et ne peut pas se marier sans mon consentement, et il a à peu près autant de chances de l'avoir que de voler dans la lune. S'il pense qu'il peut passer son temps à balancer les gens dans les escaliers comme un rhinocéros qui charge et s'attendre à épouser leurs nièces, il se trompe lourdement. Il était ici, la nuit dernière, à faire du lèche-bottes, mais je l'ai envoyé promener.

Lady Constance était venue avec l'intention de maintenir la discussion sur le fait que John se faisait passer pour un membre du monde psychiatrique, mais cette affirmation extraordinaire la mena à élargir son enquête.

– Qu'est-ce que vous dites ? s'étrangla-t-elle. Il veut épouser votre nièce ?

– C'est ce qu'il dit. Amoureux d'elle, apparemment.

– Mais, il ne l'a rencontrée qu'hier soir. Comment peut-il être amoureux d'elle, s'il ne la connaît que depuis quelques heures ?

– Vous avez vu ça ? s'exclama le duc. J'ai fait un rond !

L'intérêt de Lady Constance pour les ronds de fumée était égal à celui qu'elle ressentait pour les revenus des membres du corps médical pratiquant à la campagne. Elle répéta sa question et le duc admit que ça l'avait étonné, aussi.

– Mais Threepwood m'a dit que le type la connaissait depuis longtemps. Qu'il lui avait donné des regards ardents et des flacons de parfum pendant des mois, maudite soit son impudence. Threepwood a parlé d'une querelle entre eux à propos de quelque chose et a dit que ce type avait sauté sur l'opportunité de venir ici parce qu'il serait sur place et pourrait arranger les choses. C'est le filleul de Threepwood, au fait. Juste le genre de jeune dégénéré à l'être. Pourquoi me regardez-vous comme un canard mourant ?

Lady Constance avait l'air d'un canard mourant parce que la lumière s'était brusquement faite en elle. La brume s'était éclaircie et elle comprenait ce qu'on décrit généralement par : tout. Elle était en possession des faits et il ne pouvait y avoir qu'une seule interprétation. Comme un serpent, peut-être pas exactement comme un serpent, parce que les serpents connaissent les limites, son frère Galahad avait encore introduit un imposteur au château.

Dans les dernières années, le château de Blandings avait été particulièrement riche en imposteurs. Un ou deux d'entre eux avaient eu d'autres sponsors, mais d'habitude c'était Galahad qui les introduisait, et quand elle réalisa qu'il avait recommencé elle eut, comme si souvent auparavant, l'envie irrépressible de l'écorcher avec un couteau émoussé. Elle marcha d'un pas décidé vers la sonnette et la pressa. Un geste qui déconcerta le duc.

– Mais, demanda-t-il, que croyez-vous donc faire ?

– Je sonne Beach.

– Je ne veux pas de Beach.

– Moi si, dit Lady Constance avec un sourire grimaçant. Je vais envoyer Beach prévenir monsieur Halliday que j'aimerais lui dire deux mots.

CHAPITRE ONZE

1

Gally avait l'habitude, quand il faisait au château de Blandings l'honneur d'une visite, de se réfugier, après le breakfast, dans le hamac sur la pelouse de devant et d'y songer confortablement à ce qui lui semblait valoir la peine d'y songer. Ce pouvait être le cosmos ou la situation en Extrême-Orient, ce pouvait être simplement le problème de savoir s'il fallait ou non risquer quelques livres sur un cheval engagé dans la quatrième à Catterick Bridge. Ce matin, comme il eût été naturel pour tout parrain consciencieux, ses pensées étaient concentrées sur le malheur qui frappait son filleul et, quand, après y avoir donné la crème de son intellect pendant dix minutes, il ouvrit les yeux et prit conscience que John était près de lui, il embraya sans préambule sur le sujet.

– Hello, Johnny. Je pensais justement à toi. Comment ça s'est passé avec Dunstable, la nuit dernière ? A-t-il été sympa ?

Quand John répondit, sa voix était morose, comme son apparence. Il avait l'air d'un jeune homme ayant encore moins dormi que ce notoire oiseau de nuit qu'était le neuvième comte d'Emsworth.

– Pas trop, répondit-il brièvement.

Les mots et le ton dans lequel ils étaient prononcés étaient décourageants, mais Gally refusa de se laisser décourager.

– Que cela ne t'inquiète pas.

– Non ?

– Certainement pas. Tu ne pouvais pas t'attendre à le voir dégouliner tout de suite du lait de l'humaine tendresse. Une des leçons que la vie nous enseigne est de ne jamais espérer une bonhomie immédiate chez quelqu'un que l'on a poussé dans le bas du dos pour lui faire dévaler deux étages d'escaliers. Ce genre de chose remue un homme. J'ai remarqué, quand je lui ai parlé, que le fer lui était entré profondément dans l'âme.

– J'ai eu aussi cette impression. Apparemment il pense que je l'ai fait exprès.

– C'est très injuste. De meilleurs que toi ont glissé sur ces marches. Moi, pour commencer. Mais, tu aurais quand même pu faire attention. Tu voulais sûrement ton cocktail, mais ce n'était pas la peine de tant te précipiter pour l'avoir.

– Je ne me précipitais pas. Vois-tu, Gally, j'ai l'impression que quelqu'un m'a poussé.

– Absurde. Les gens ne se poussent pas dans l'escalier, même au château de Blandings.

– Non. Je suppose que ce n'est que mon imagination.

– Ce doit être ça. Mais peu importe. As-tu réussi à le calmer ?

– Non.

– Tu lui as demandé des nouvelles de sa cheville ?

– Oui.

– Et quand il a eu fini de parler de ça ?

– J'ai dit que je pensais qu'il avait connu mon père, dans le temps.

– Oh, mon Dieu !

– C'était une gaffe ?

– La plus grave des erreurs. Il ne pouvait pas sentir ton père. Il l'a frappé, une fois, avec une dinde froide.

– Il a frappé mon père ?

– Non. Ton père l'a frappé. C'était un soir où nous soupions au *Romano* et ils n'étaient pas d'accord à propos des prétentions apostoliques de l'église d'Abyssinie, ce qui était bizarre parce que c'était généralement à propos de politique que l'Endormi se disputait avec les gens. Le souper avait été très joyeux, pour célébrer la victoire d'un cheval sur lequel, à la suite d'un tuyau de l'écurie, nous avions tous parié gros, et je suppose qu'ils étaient tous deux un peu échauffés par le vin, parce que la discussion s'est envenimée. Dunstable maintenait que ces prétentions étaient parfaitement justifiées et ton père disait que l'église d'Abyssinie parlait pour ne rien dire. Et les choses ont empiré et, finalement, Dunstable a pris un bol de salade de fruits et il allait le jeter sur ton père quand ton père a pris cette dinde, qui était sur le côté de la table avec les autres viandes froides et, avec un seul coup, l'a étendu raide, aussi plat qu'une crêpe Suzette. Ce qui est dommage, c'est qu'il a agi si rapidement que personne n'a eu le temps de placer un pari sur le résultat. Autrement, j'aurais mis tout ce que j'avais sur l'Endormi, parce que je savais que c'était un homme qui n'était jamais autant à craindre que quand il avait une dinde froide à la main. Je l'ai vu, une fois, assommer un type nommé Percy Pound avec le même instrument contondant. Alors, Dunstable n'a ni oublié, ni pardonné, depuis trente ans. Au moins, je suppose, d'après ton attitude, que l'épisode le travaille encore.

– Il n'était certainement pas inactif quand j'ai dit de qui j'étais le fils.

– Ça montre simplement quel superbe manieur de dinde froide était ton père dans sa jeunesse. J'ai toujours pensé qu'il était bien dommage qu'il n'y ait pas d'épreuve de ce genre aux jeux Olympiques. Mais, sais-tu ce que je trouve le plus étrange dans toute cette affaire ? C'est qu'aucun d'eux n'avait jamais entendu parler de l'église d'Abyssinie. On peut même penser qu'ils n'auraient pas reconnu l'église d'Abyssinie si elle leur avait été servie sur un plat, entourée de cresson. Oui, Beach ?

Sans qu'ils le vissent, Beach s'était approché du hamac, un peu haletant car on lui avait demandé de faire vite et qu'il n'était plus le mince valet de pied qu'il avait été dix-huit ans plus tôt.

– Sa Seigneurie Lady Constance serait heureuse de dire un mot à monsieur Halliday, monsieur Galahad.

Gally avait ôté son monocle et s'était mis à le polir. Il le remit en place, mais avec le sentiment qu'il pourrait bien avoir à le polir à nouveau bientôt. Une longue expérience lui avait appris qu'on pouvait s'attendre à des ennuis quand Connie voulait dire un mot aux gens.

– Savez-vous pourquoi ?

– Non, monsieur Galahad. Sa Seigneurie ne m'a pas fait de confidence.

Laissé seul, Gally revint à sa méditation. C'était un ravissant matin, plein de senteurs estivales. Les oiseaux gazouillaient, les abeilles s'affairaient, les insectes bourdonnaient et, des étables, venait le doux son de l'harmonica du chauffeur Voules. Le chat qui aidait Lord Emsworth à renverser les tables arriva, nonchalant, et sauta sur l'estomac de Gally. Ce dernier le gratta derrière l'oreille avec sa courtoisie habituelle, mais il grattait d'un cœur lourd. Il pensait à John et se sentait mal à l'aise. Il lui avait dit de ne pas se laisser abattre, mais c'était extrêmement difficile à éviter. Si Connie voulait dire des mots à John, on ne pouvait pas considérer la position des affaires d'un œil optimiste.

Alors qu'il gisait là, les sourcils pensivement froncés, il prit conscience qu'il avait une autre visite. Linda se tenait à côté du hamac. Elle ressemblait, trait pour trait, à une pupille sous tutelle judiciaire qui vient d'apprendre qu'une injonction d'interdiction a été décidée contre l'autre partie, et il vit qu'elle avait grand besoin de réconfort si l'on voulait ramener le rose à ses joues. Aussi chaleureusement qu'il le put, il dit :

– Hello, ma chère. Je bavardais avec le chat. Avez-vous vu Johnny ?

– Non.

– Il était ici il y a peu. Il est allé parler à ma sœur Connie. Je ne sais pas combien de temps elle va le garder mais, quand ils en auront fini, je pense qu'il devrait retourner voir votre méchant oncle.

– A-t-il déjà vu Oncle Alaric ?

– La nuit dernière, en chair et en os.

– Comment cela s'est-il passé ?

– Rien de très bon à rapporter jusqu'ici, mais ce n'était qu'un début. Ce qu'il doit faire, maintenant, c'est continuer à s'acharner sur ce vieux sacripant, en n'omettant ni un mot ni une action qui puisse aider à se le concilier. S'il joue bien ses cartes, je ne vois pas pourquoi une belle amitié n'en résulterait pas.

– Très peu probable.

Gally déplaça le chat sur son estomac et fronça des sourcils désapprobateurs.

– Il ne faut pas parler comme ça.

– C'est ce que je pense.

– Ce n'est pas le bon état d'esprit. Il faut vous dire : « Qui peut résister à Johnny ? »

– Et la réponse serait : « Oncle Alaric ».

Et ce fut le silence. Sauf, bien sûr, pour les oiseaux, les abeilles, les insectes et l'harmonica du chauffeur Voules. Linda le rompit par une question.

– Pensez-vous qu'on va réellement en prison, si on épouse une pupille sous tutelle judiciaire quand on vous l'a interdit ?

Gally aurait donné cher pour pouvoir lui répondre par la négative, en citant le cas de copains du Pélican qui l'avaient fait des douzaines de fois en toute impunité, mais il fallait regarder la réalité en face.

– J'en ai peur. Johnny dit qu'on y va et il doit le savoir.

– Supposez que je leur dise qu'il est le seul homme au monde avec lequel je puisse être heureuse et que je vais mourir de langueur si je ne peux pas l'avoir. Est-ce que ça ne pourrait pas leur faire tourner casaque ?

– J'en doute. Ces types, qui font les lois en Angleterre, ont le cœur plutôt dur. Pas de sentiment.

– Johnny dit qu'il est prêt à courir le risque.

– Ne le laissez pas faire. N'y pensez même pas.

– Bien sûr que non. Pensez-vous que je vais laisser envoyer ce précieux agneau fabriquer des sacs de jute dans un donjon souterrain où il sera grignoté jusqu'aux os par les rats ? C'est tellement injuste ! s'écria Linda avec passion. Juste parce que je suis une fille, vous voyez. Mes deux frères ont épousé des filles dont Oncle Alaric ne voulait pas entendre parler, mais il n'a pas pu les mettre sous sa fichue tutelle judiciaire parce que ce sont des hommes. Il a râlé, il a hurlé, mais il n'a rien pu y faire. Mais, juste parce que je suis une…

Elle s'interrompit brusquement. Le taxi de la gare – de Jno Robinson – venait de s'arrêter devant la porte et, de cette porte, sortit Beach portant une valise. Il était suivi de John. Il plaça la valise dans le taxi et John y monta après elle. Jno Robinson démarra et, avec un cliquetis suivi d'un bruit sec, la voiture disparut tandis que Linda, avec un autre cri passionné, s'élançait vers la maison.

Gally, pensif, enleva le chat de son estomac et s'extirpa de son hamac. Il n'était pas nécessaire qu'on lui expliquât ce qu'il y avait derrière cet événement. Il ne savait pas comment c'était arrivé, mais il était évident que son plan le mieux conçu venait de s'effondrer, juste comme le poète Burns avait dit qu'il le ferait. Il prit machinalement son monocle et il le polissait quand Linda revint.

– Il est parti, murmura-t-elle d'une voix sourde.

– Oui, j'ai vu.

– Lady Constance l'a jeté dehors.

– C'est bien ce que j'avais pensé.

– Je ne comprends pas, dit Linda, qui semblait stupéfaite. Beach affirme que c'est parce qu'elle a découvert qu'il n'est pas psychanalyste. Pourquoi devrait-il être psychanalyste ? Des tas de gens ne le sont pas. Ça n'a pas de sens.

Gally secoua tristement la tête. Pour lui, ça avait un sens.

– Je crois que je peux vous expliquer. Mais plus tard, quand nous en aurons le loisir. Comment Beach a-t-il su tout ça ?

– Son lacet s'est dénoué, juste à la porte de Lady Constance, alors il s'est baissé pour le renouer.

– Et il a entendu, par hasard, ce qui se disait à l'intérieur ?

– Oui.

Son histoire sonnait vrai pour Gally, bien qu'il eût du mal à croire qu'un homme de la carrure de Beach pût se baisser.

– Ceci complique indéniablement les choses, reprit-il. Je comptais que John allait rester au château assez longtemps pour travailler au corps votre abominable oncle et l'amener graduellement à un état d'esprit plus raisonnable. Mais, maintenant, nous sommes, en quelque sorte, dans un dilemme. Mais, ne désespérez pas. Il doit y avoir un moyen de s'en sortir, il y a toujours un moyen pour tout, et je suis sûr de le trouver tôt ou tard. Hello ! Revoilà Beach et je vous parie, à deux contre un, qu'il vient me dire que Sa Seigneurie voudrait me dire deux mots. Oui, Beach ?

– Sa Seigneurie aimerait vous dire deux mots, monsieur Galahad.

– Quel dommage, alors, remarqua Gally, que vous ne m'ayez pas trouvé.

– Monsieur ?

– Vous avez cherché partout, vous avez retourné les pierres et exploré les allées, mais vous ne m'avez pas trouvé. Vous pensez que j'ai dû aller à Market Blandings acheter du tabac. Voilà votre histoire, Beach, et faites attention à la conter sans aucune de ces hésitations ou de ces balbutiements qui peuvent, si facilement, éveiller les soupçons de l'auditeur. Par-dessus tout, rappelez-vous de ne pas vous dandiner sur une jambe. Votre but, avec Sa Seigneurie, sera la suppression de ce manque de crédibilité contre lequel s'élèvent si souvent les critiques dramatiques. Narrez votre conte pour qu'il soit accepté. De cette façon, tout déplaisir sera évité, conclut Gally.

C'était un homme intrépide qui n'avait pas peur de sa sœur Constance. Il pensait seulement qu'il était plus sage de ne pas conférer avec elle avant que son sang chaud n'ait eu le temps de se rafraîchir. Cette politique avait été la sienne, dans le passé, avec l'Honnête Jerry Judson et Tim Simms l'Homme de Confiance.

2

Beach fit de son histoire un récit aussi succinct que possible et, après que Lady Constance eut fait claquer sa langue, il ne s'attarda pas pour offrir à son désappointement sa sympathie silencieuse, mais la débarrassa de sa présence aussi vite que le permettait sa corpulence. Il avait hâte de retourner à l'office pour y reprendre la lecture d'une lettre qui lui était arrivée par le courrier du matin.

C'était une lettre de madame Gérald Vail, anciennement miss Pénélope Donaldson, la plus jeune fille de monsieur Donaldson, de la Joie du Chien Donaldson, dont la fille aînée avait épousé Freddie, le fils de Lord Emsworth. Durant sa récente visite au château, une chaude amitié s'était nouée entre elle et Beach et, installée depuis son mariage dans la maison de santé dans laquelle son mari était un associé, ils étaient en correspondance régulière. Elle lui donnait les dernières nouvelles croustillantes de sa maison de santé et il lui rendait la pareille en la tenant au courant des événements du château de Blandings.

Ses lettres étaient toujours pleines d'intérêt parce que la maison de santé, vue à travers ses yeux, semblait être peuplée d'excentriques, et il s'irritait de toute interruption qui en retardait la lecture. Ce fut en conséquence avec ennui qu'il vit sa progression à travers le hall arrêtée par Vanessa Polk. Il appréciait et admirait Vanessa Polk, mais il voulait retourner à l'office.

– Oh, Beach, dit Vanessa, je cherche monsieur Trout. L'auriez-vous vu ?

– Non, miss.

– C'est très difficile de trouver les gens dans une maison de cette taille. Ce dont le château de Blandings a besoin, c'est d'une meute de chiens de chasse. J'en ferais venir, si j'étais vous. On pourrait souvent en avoir besoin. Bon, si vous le voyez, dites-lui que je suis sur le toit.

Elle s'en alla et il put poursuivre son chemin vers l'office.

La lettre était sur la table où il l'avait laissée quand Lady Constance avait sonné et il reprit sa lecture avec le plaisir que lui donnaient toujours les lettres de Penny Vail. Il venait d'atteindre le post-scriptum quand la porte s'ouvrit pour laisser entrer Gally. En y réfléchissant, dit Gally, il avait pensé que l'office de Beach était le seul endroit du château où un homme auquel Lady Constance voulait dire deux mots pouvait rester pour éviter de les entendre.

– Les chances que Sa Seigneurie vienne là pour prendre un verre de porto en bavardant sont, je le crois, des plus minces. Et il est bon de se tenir loin des femmes de temps en temps. J'ai lu dans des romans qu'il n'y a rien de plus agréable qu'un tête-à-tête avec un membre cultivé du beau sexe, et c'est peut-être vrai, mais il faut pour cela choisir soigneusement son moment. Ce n'est pas une chose où il faut se précipiter les yeux fermés. Puisque vous vous êtes baissé pour renouer votre lacet pendant qu'elle était en conférence avec monsieur Halliday, vous comprenez bien que la dame doit être évitée pour l'instant. Plus tard, peut-être…

Gally s'interrompit. Il voyait que son auditeur ne lui accordait pas toute son attention. Beach, habituellement si imperturbable, sauf quand des visiteurs mettaient de l'eau dans leur bordeaux, montrait d'indéniables signes d'agitation.

– Quelque chose ne va pas, Beach ?

– En effet, monsieur Galahad.

– Racontez-moi tout.

– J'ai peur que ça ne vous donne un choc.

– Qu'est-ce qu'un choc de plus, aujourd'hui ? Faites exploser votre bombe.

– J'ai reçu une lettre de madame Vail.

– Qui ? Oh, Penny. Rien d'extraordinaire à ça, n'est-ce pas ? Vous m'avez dit que vous correspondiez régulièrement.

– Oui, monsieur Galahad. Mais, dans sa lettre, elle... Je dois mentionner que, dans ma dernière communication, j'avais informé madame Vail que nous avions, au château, la fille de monsieur J. B. Polk, le financier américain bien connu. Je pensais que ça pouvait l'intéresser.

– Je ne vois pas en quoi, mais poursuivez.

– Et dans sa réponse... C'est ce qui m'a donné un tel choc, monsieur Galahad... Elle affirme que monsieur Polk n'a pas de fille.

– Quoi !

– Précisément cela, monsieur Galahad.

– Eh bien, je suis sidéré.

– Et madame Vail ne peut pas se tromper. Elle dit, dans sa lettre, que son père, monsieur Donaldson, est un ami intime de monsieur Polk.

– Donc, s'il avait une fille, elle le saurait.

– Exactement, monsieur Galahad. On est donc forcé, bien à regret, d'arriver à la conclusion que la dame qui prétend s'appeler miss Polk est une... Quel est le féminin d'imposteur ?

– Je n'en vois pas. Disons qu'elle est un imposteur…
Et sans doute là dans un but précis. Je me demande lequel.

Un haussement respectueux de ses amples épaules
indiqua que c'était un mystère que Beach était incapable
de résoudre. Gally fronça les sourcils.

– Bon, dit-il. La seule chose à faire, c'est d'aller lui
demander. Avez-vous une idée de l'endroit où elle est ?

– Oui, monsieur Galahad. Elle m'a informé qu'elle
allait visiter le toit.

– Quand cela ?

– Il y a peu de temps.

– Alors, elle est sans doute encore là-haut. Je vais voir.

Gally parlait sans enthousiasme. Il comprenait qu'il serait
nécessaire, quand il rencontrerait Vanessa, d'être sévère et
rigoureux, mais la sévérité et la rigueur ne lui venaient pas
facilement. C'était, par nature, un homme tolérant, toujours
enclin à laisser chacun faire ce qu'il voulait. C'était un état
d'esprit habituel aux membres du Pélican Club. « Tout ça ne
me regarde pas », disaient les Pélicans quand ils voyaient
quelqu'un s'apprêter à faire quelque chose, et Gally était
toujours de cet avis.

Mais c'était un cas spécial. Il était ici, en un sens, le représentant de la famille et, quoi que cette fille eût l'intention
de faire, c'était, probablement, quelque chose d'opposé
aux intérêts de la famille. Il ne devait pas permettre au
laisser-aller propre aux Pélicans ou à son affection pour
elle, qui était considérable, de le mettre dans la position
d'un spectateur indulgent.

Tout était assez clair. Néanmoins, il n'était pas heureux
en partant pour cette mission. Il allait avoir un tête-à-tête
avec un membre cultivé du beau sexe, mais il n'y voyait
rien d'agréable.

3

Bien que peu fréquenté par les résidents et les hôtes, le toit du château de Blandings valait la visite car, de sa hauteur, on avait un panorama fascinant sur le Shropshire et les comtés environnants. Pour l'atteindre, l'explorateur devait passer par la loge, où une allée de graviers séparait l'aile ouest du corps de bâtiment principal, et entrer par une petite porte qui menait à de mystérieuses marches de pierre. Quand il les avait montées, il se trouvait sur une vaste surface plane bordée de créneaux, avec, au bord, la hampe où flottait le joyeux drapeau annonçant, au cas où l'information intéresserait quelqu'un, que le neuvième comte d'Emsworth était dans ses états. Quand il était enfant, à une époque où il était souvent impératif pour lui de trouver une cachette tranquille pour échapper à son père, Gally y avait passé bien des heures heureuses.

Vanessa regardait par-dessus les créneaux. Il l'appela et elle se retourna avec un sursaut.

– Oh, hello, dit-elle.

– Hello à vous, rétorqua Gally – inutile d'être sévère et rigoureux tant que ce n'était pas indispensable. Vous jetez un coup d'œil sur le paysage ?

– C'est une vue magnifique. Quelle est cette colline, là-bas ?

– Le Wrekin.

– Où est le Bredon, dont A. E. Housman a parlé, dans ses livres ?

– Dieu du ciel ! Vous lisez Housman ?

– Pourquoi pas ?

L'inconfort de Gally s'intensifia. Elle semblait si inoffensive. Juste le genre de fille qu'on amène à la maison,

215

pour la présenter à sa mère. Il n'allait pas être facile de la dénoncer et, pendant un instant, il joua avec l'idée d'abandonner ce projet. Ce fut probablement la curiosité qui le poussa à continuer. Il n'aurait pas pu dormir la nuit suivante tant qu'il n'aurait pas su quels motifs lui avaient fait entreprendre la tâche périlleuse d'essayer de se moquer de quelqu'un d'aussi imperméable à l'humour que Connie.

– Vous êtes vraiment une fille remarquable, dit-il.

– Parce que je lis de la poésie ?

– Je pensais plutôt à ce que vous faites quand vous ne lisez pas de poésie. Seule une fille très remarquable peut être capable de faire ce que vous avez fait.

– C'est-à-dire ?

– Arriver à tromper ma sœur Constance en lui faisant croire que vous étiez la fille de J. B. Polk. J'ai appris, d'une source digne de confiance et proche de lui, qu'il n'a pas de fille.

Gally marqua une pause, attendant un commentaire. Quand il vint, ce n'était pas le commentaire qu'il attendait. Il était préparé au sursaut coupable, à la pâleur soudaine et peut-être au flot de larmes, mais il ne s'attendait pas à ce qu'elle parût amusée. Elle rit, d'un joli rire en cascade, le rire d'une fille dont le sens de l'humour lui permet de se moquer d'elle-même.

– J'avais peur que ça n'arrive, avoua-t-elle. Je l'avais lu dans les feuilles de thé.

– Il est surprenant que ça ne soit pas arrivé plus tôt. J'aurais pensé que vous tomberiez à la première haie. Connie est mariée à un gros ponte du monde de la finance. Polk est un autre gros oiseau du même monde. On aurait pu parier qu'elle l'aurait rencontré. Comment se fait-il qu'elle ne le connaisse pas ?

– Monsieur Polk ne voit personne. Il vit en reclus. La seule personne qu'il voie, en dehors des heures de bureau, est monsieur Donaldson, celui des biscuits pour chiens.

– Et Donaldson a une fille qui est une grande amie de Beach. C'est la source digne de foi dont je vous parlais. Beach vient de recevoir une lettre d'elle dans laquelle elle affirme que J. B. Polk n'a ni poulet ni enfant.

– Il aurait horreur d'en avoir. Il vit seul, avec quatre chiens et sept chats, et il aime ça.

– Vous semblez en savoir beaucoup sur lui.

– Oh, on se tient au courant. En réalité, je suis sa secrétaire.

– Je vois. Et, comme toute bonne secrétaire, vous le regardez comme votre père. Alors, quand vous avez dit à Connie que vous étiez sa fille, ce n'était qu'une figure de style.

– J'aime bien la façon dont vous présentez ça.

– Je suis plein de tact. Connie dirait, à sa façon rustre, que vous vous êtes insinuée ici sous un faux nom.

– Qui s'est insinué sous un faux nom ? Pas moi. Je peux avoir un peu travesti la réalité en me présentant comme la fille de J. B. Polk, mais je suis quand même miss Polk. Mon père était P. P. Polk, né dans le Norfolk et naturalisé américain. Polk est un vieux nom du Norfolk.

– Vraiment ?

– C'est ce qu'on m'a dit.

– Il n'y a pas trop de confusion, avec deux Polk au bureau ? Si j'entrais et criais : « Polk ! », lequel de vous deux me répondrait ?

– Aucun. Vous n'auriez aucune chance de voir l'un de nous sans rendez-vous. Mais, si vous essayez de me demander si la coïncidence que nous ayons le même nom

217

ennuie J. B. Polk, la réponse est non. Elle l'amuse. En fait, je pense que c'est à cause d'elle qu'il m'a nommée secrétaire particulière.

– Particulière, hein ?

– Très particulière. J. B. n'a aucun secret pour moi.

– Ce doit être un travail bien payé.

– Très.

– Alors, dit Gally, je ne comprends pas à quoi vous jouez.

– Je vous demande pardon ?

– Qu'est-ce que vous cherchez ? Travaillez-vous pour un musée qui veut mettre la main sur les vieilles pantoufles de Clarence ? Le *Smithonian* les paierait probablement un bon prix. Êtes-vous en cheville avec une société secrète qui médite de kidnapper Beach ? Enfin, ma chère enfant, vous devez avoir une raison quelconque pour venir ici sous une personnalité d'emprunt.

– C'est très simple. Je voulais voir le château de Blandings.

– Juste ça ?

– Juste ça.

Quelque chose de la sévérité qui en était tellement absente s'insinua dans les manières de Gally. Il parla d'une voix rigoureuse.

– Je crois que vous vous payez ma tête.

– Pas du tout. Je voulais le voir. Et, quand je dis : le voir, je veux dire : le voir. Y vivre, m'y plonger, pas seulement m'y promener le jour des visites et être dans la foule conduite par un valet.

Gally n'y comprenait rien.

– C'est vraiment extraordinaire ! Agréable, bien sûr, pour quelqu'un de la famille, d'entendre que vous vous passionnez tant pour la vieille maison, mais d'où vous vient cet enthousiasme ? Je n'aurais pas pensé que, vivant à New York, vous auriez entendu parler du château de Blandings. Ce n'est pas Buckingham Palace ou la Tour de Londres.

– C'est ma mère.

– Que voulez-vous dire, c'est votre mère ? Qui est votre mère ?

– Elle me parlait tout le temps du château de Blandings, quand j'étais une enfant, ou un poulet, si vous préférez. Le parc, le lac, l'allée des ifs, le salon ambre, tout. Et ça me fascinait. Je n'en avais jamais assez et j'ai décidé qu'un jour j'irais là-bas.

– Et vous y êtes.

– Temporairement, dirons-nous.

– Mais, comment votre mère était-elle une telle autorité sur cet endroit ? Elle venait souvent ici ?

– En un sens. Elle y était femme de chambre.

– Quoi ?

– Cela vous étonne ?

– Bien sûr. Vous ne recommencez pas à vous payer ma tête ?

– Je ne me suis jamais payé votre tête.

– Je suggère, comme dirait mon filleul, que vous n'avez pas arrêté. Comment une femme de chambre de Blandings se serait-elle retrouvée à New York ?

– Il suffit de quelques événements bien enchaînés. Mon père était le valet d'un millionnaire américain. Ils sont venus en visite au château. Mon père a naturellement fait la connaissance de ma mère. Ils sont tombés amoureux et se sont mariés. Et alors, tous les trois sont rentrés en Amérique où ils ont vécu heureux jusqu'à ce que, plusieurs années plus tard, le millionnaire meure d'une crise cardiaque. Vous suivez, jusqu'ici ?

– Tout à fait.

– Comment je suis devenue le Vendredi femelle de J. B. Polk et l'amie de Lady Constance, ce sera un peu plus long. Voulez-vous entendre toute l'histoire de ma vie ?

– J'adorerais ça. N'oubliez pas les raisons pour lesquelles vous êtes devenue la fille de J. B. Polk.

– Non. J'y viendrai. Mais d'abord, je pense, une cigarette, si vous en avez une.

Gally tendit son étui. Vanessa regardait par-dessus les créneaux, une expression ravie sur le visage.

– Je suppose que vos ancêtres avaient l'habitude de jeter du plomb bouillant sur les gens, d'ici ? dit-elle.

– Tout le temps, ça les amusait.

– C'est justement le genre de choses qui me semble si romantique, à propos de cet endroit.

– Je vois ce que vous voulez dire. Très attractives, ces vieilles coutumes anglaises. Mais oubliez mes ancêtres. Voyons votre histoire.

– Prêt ?

– J'attends.

– Alors, allons-y. Où finissait l'épisode précédent ?

– À la mort du millionnaire.

– Oh, oui. Eh bien, il a laissé un peu d'argent à mon père, assez pour acheter un petit restaurant. Il a prospéré et j'ai pu aller dans une bonne école, et puis à l'université. J'avais toujours voulu être secrétaire alors j'ai bûché la sténo, et l'organisation, et tout ça, et j'ai trouvé un job, puis un meilleur, jusqu'à ce que, en grimpant un échelon à la fois, je sois engagée aux entreprises Polk. Finalement, comme narré dans un précédent chapitre, je suis devenue la secrétaire particulière de J. B. Polk. Je ne vous ennuie pas ?

– Pas du tout.

– Pourtant, ça m'a l'air plutôt embêtant. Mais continuez à écouter, parce que ça devient plus compliqué. Un jour, il y a à peu près trois semaines, je suis arrivée au bureau pour trouver mon employeur en train de s'arracher ce qu'il lui restait de cheveux. Il se trouvait avoir un procès colossal, avec des millions en jeu, et il venait d'avoir un tuyau disant que la partie adverse voulait me faire citer comme témoin. Et, si je témoignais à propos d'une certaine lettre qu'il m'avait dictée, il serait fichu. Apparemment, la lettre avait été perdue, mais je pouvais témoigner de son contenu et il perdrait toute chance de gagner. Vous voyez où je veux en venir ?

– Je crois.

– J'en suis sûre. Il me dit que je devais quitter le pays au plus vite. Que l'Angleterre serait le meilleur endroit pour me cacher et ça me plaisait bien parce que, bien que j'aie beaucoup entendu parler de l'Angleterre, je n'y avais jamais mis les pieds. Il me donna libéralement de l'argent pour mes frais et me réserva un passage sur le bateau. C'est comme ça que j'ai rencontré Lady Constance. Et maintenant, vous voulez savoir comment elle m'a prise pour la fille de J. B. Polk ?

– C'est justement ce que j'allais vous demander.

– C'est venu très naturellement. Après que nous nous soyons liées d'amitié, elle m'a beaucoup parlé du château de Blandings, mais, bien que je lui aie parfaitement fait comprendre que j'aimerais beaucoup l'y accompagner, elle ne m'a pas invitée. C'était comme si elle ne voulait pas trop se lier avec des étrangers rencontrés sur l'océan. Et puis, un jour, le journal du vaisseau a parlé de J. B. Polk, de ses chats et de ses chiens, et elle m'a demandé si c'était un de mes parents. J'ai senti que ça pourrait faire la différence si je disais que j'étais sa fille. Et ça a fait la différence. J'ai eu instantanément mon invitation. Voilà comment notre héroïne est venue au château de Blandings. Et maintenant, ajouta Vanessa, je pense que je ferais bien d'aller faire mes valises.

Gally la regarda, stupéfait.

– Vous ne pensez pas à nous quitter ?

– Bien sûr que si. Je ne tiens pas à être présente quand vous raconterez mon histoire à Lady Constance. Vous ne croyez pas que je vais attendre pour me faire regarder comme une bête curieuse. Ne jamais s'imposer. C'est la devise de ma branche des Polk.

Il était très rare que Gally, qui s'enorgueillissait de garder en toutes circonstances un front serein, fît entendre un cri d'incrédulité horrifiée. Pourtant, ce fut le cas. On aurait dit l'explosion d'un sac en papier.

– Vous ne croyez pas que je vais cafeter à Connie ?

– Non ?

– Bien sûr que non !

– Mais, je suis un imposteur !

– Pourquoi ne le seriez-vous pas ? Pratiquement tous les gens qui viennent ici le sont. Enfant ou homme fait, j'ai vu plus d'imposteurs au château de Blandings que votre monsieur Polk n'a de dollars. En fait, ce qui m'aurait surpris, c'est que vous ne soyez pas un imposteur. Vous vous êtes donné un mal de chien pour venir ici. Pensez-vous que je vais éloigner de vos lèvres la coupe des félicités ? Secret et silence, ma petite. Secret et silence.

Vanessa était visiblement émue.

– C'est très gentil à vous.

– Pas du tout.

– Je ne sais pas quoi dire.

– Ne dites rien. Et je vais expliquer à Beach qu'il doit faire comme moi. Ses lèvres seront scellées. Je vais aller les sceller tout de suite, conclut Gally.

Il venait à peine de partir, plein de zèle et de bonne volonté, quand Wilbur apparut sur le toit. Wilbur était pâle et anxieux. Il revenait de la galerie des portraits, où il était allé contempler le nu étendu, avec bien moins d'enthousiasme qu'il ne lui en accordait d'habitude. Quand Vanessa lui avait parlé de subtiliser le tableau, Wilbur, on s'en souvient, avait approuvé totalement ce plan mais, le temps passant, le doute l'avait saisi. Sauf quand il s'agissait d'épouser des blondes, ce n'était pas un homme aventureux et l'idée de ce que Vanessa voulait faire avait eu le pire des effets sur son système nerveux.

Donc, quand les premiers mots qu'elle prononça furent : « Willie, il faut que nous fauchions le tableau ce soir », il les entendit avec panique plutôt qu'avec joie. Son émotion n'était pas très différente de celle dont il avait eu l'expérience au milieu des airs, en sautant dans la fontaine du Plazza, regret d'avoir entrepris quelque chose qui lui semblait une bonne idée, à l'époque, et réalisation inconfortable qu'il était trop tard pour faire marche arrière.

– Pourquoi cette précipitation ?

– C'est essentiel, j'en ai peur. Si Lady Constance découvre…

– Découvre quoi ?

– Quelque chose sur moi.

– Quoi, sur toi ?

– Quelque chose que Gally Threepwood a découvert. Si elle en entend parler, je serai jetée dehors par la peau du cou en moins de soixante secondes. Il dit qu'il n'en soufflera pas mot, mais on n'est jamais sûr. C'est une histoire tellement bonne qu'il ne pourra peut-être pas résister à l'envie de la raconter. Non, il ne faut pas prendre de risques. Chesney doit être à Londres, maintenant. Je lui téléphonerai cet après-midi d'attendre sous la fenêtre à deux heures du matin. Tu peux aller dormir jusque-là. Je frapperai à ta porte pour te réveiller. Qu'est-ce qu'il y a ? Tu n'as pas l'air content.

– Oh si.

– J'espère bien. Pense que tu vas avoir ce tableau pour toi tout seul. Tu devrais jeter des pétales de roses partout. Mais Geneviève aurait dit : « woses », non ?

– C'est ce qu'elle disait toujours.

– Pas étonnant qu'elle te manque tellement, remarqua Vanessa.

CHAPITRE DOUZE

Le réveil sonna doucement à côté du lit de Vanessa, annonçant qu'il était deux heures du matin. Elle s'assit et frotta ses beaux yeux pour en chasser tout vestige de sommeil. Elle s'était couchée tôt afin d'avoir l'esprit clair pour la tâche qui l'attendait cette nuit, et c'est avec l'esprit clair qu'elle examina chaque détail du programme. Elle trouva tout parfaitement satisfaisant. Elle avait la torche et la corde solide qui est tellement essentielle quand il faut descendre de deux étages par une fenêtre des tableaux de solides nus étendus encadrés de bois lourd. De plus, elle avait pensé à se munir d'une grande flasque pour le cas où il faudrait affermir le courage de son coéquipier. C'était une possibilité à envisager sérieusement. À leur dernière rencontre, elle avait remarqué qu'il semblait souffrir d'une attaque de nerfs, mais rien à son avis qu'une bonne flasque ne pût guérir.

Étrange, pensa-t-elle, qu'un homme grand et fort, qui s'était, naguère, illustré sur les terrains de football, pût être aussi timoré dans une situation qu'elle, pauvre faible femme, regardait simplement comme un moyen plaisant et stimulant d'échapper au train-train quotidien, mais il était apparemment timoré. Alors qu'elle attendait avec une joyeuse impatience les événements à venir, lui, à moins que ses sens ne la trompassent lourdement, était ce que Lady Macbeth eût appelé impuissant à se décider. Une flasque, en conséquence, semblait s'imposer.

Alors qu'elle enfilait un confortable peignoir par-dessus son pyjama, sa pensée s'attarda sur Wilbur, et elle fut surprise de la chaleur et de la tendresse qu'elle ressentait en pensant à lui. Au temps de leurs brèves fiançailles, il ne lui avait inspiré qu'une tiède affection mais, durant ces derniers jours au château de Blandings, cette affection était devenue quelque chose de plus fort. Il ne faisait aucun doute pour elle que c'était un homme agréable à fréquenter, plaisant, aimable et parlant la même langue qu'elle. Pas trop de cerveau, ce qui était un attrait de plus, car elle ne faisait pas confiance aux hommes trop intelligents. Dommage, pensait-elle, qu'il fût une proie si facile pour les chercheuses d'or. Ce dont il avait besoin, c'était de quelqu'un pour veiller sur lui, pour le protéger, pour endiguer sa désastreuse propension à se conduire comme un imbécile à la première occasion mais, malheureusement, elle n'avait pas la moindre chance de pouvoir se dévouer à cette tâche car, dès qu'il serait en possession de son tableau, il repartirait pour New York et la première chose qu'elle entendrait dire sur lui serait qu'il avait épousé une autre de ces femmes répugnantes, pour donner encore du travail aux avocats spécialisés dans les divorces.

Pourtant, il n'était pas l'heure de rêver sur l'avenir matri-monial de Wilbur Trout. Elle ramassa rapidement la corde, la torche et la flasque, puis se mit en chemin à travers les corridors sombres. La chambre de Wilbur était celle dans laquelle, selon la légende, un Emsworth du quinzième siècle avait démembré sa femme à l'aide d'une hache de bataille, comme le faisaient si souvent les maris en ce temps-là quand le stress de la vie conjugale devenait trop fort pour eux. Cette épouse infortunée avait dû faire l'expérience de pas mal d'appréhension en l'entendant approcher de sa porte, mais pas plus que Wilbur quand Vanessa frappa à cette porte dans le silence de la nuit. Même Lord Emsworth, au plus fort d'une crise de bousculade de tables, n'eût pas produit une dépression si profonde. Après être resté allongé, éveillé, pendant plusieurs heures, il s'était finalement assoupi, et le coup à la porte coïncida avec le point culminant de son cauchemar, où une bombe lui explosait sous les pieds.

Ce qui causait le manque d'enthousiasme de Wilbur pour cette opération nocturne, était principalement le fait que cela se passait au château de Blandings. Il craignait d'être interrompu par la châtelaine. Ce que le duc avait décrit comme l'habitude de Lady Constance de jouer la grande dame avec les gens l'avait frappé dès leur première rencontre, où elle avait montré une humeur semblable à celle avec laquelle elle avait accueilli John, et ce qui le terrorisait au moment où il répondit au signal de Vanessa, était l'idée qu'elle pût se joindre à eux quand ils seraient en plein travail cette nuit. Son imagination la lui montrait, entrant dans la galerie des portraits avec un « Mais, que diable faites-vous ici ? » ou quoi que ce soit d'autre que disent les aristocrates britanniques quand elles trouvent leurs hôtes rôdant dans leur maison à deux heures du matin. En réfléchissant à ses chances de sortir d'une telle situation sans une dépression nerveuse, il les trouvait extrêmement faibles.

Ce fut en conséquence avec un profond soulagement qu'il vit la flasque et il ressentit, et c'était loin d'être la première fois depuis qu'ils s'étaient retrouvés, une vague d'admiration pour cette fille super-efficace qui pensait à tout.

– Donne, dit-il.

Car dans de tels moments c'était un homme concis. Elle la lui donna. Il lui sembla qu'une procession de torches enflammées se promenait dans ses intérieurs, ayant pour effet de bannir temporairement la terreur sous laquelle il se courbait, et c'est avec une joyeuse insouciance qu'il dit :

– Tu ressembles à un million de dollars, dans cette robe de bain.

C'était censé être un compliment et Vanessa le reconnut comme tel.

– On appelle ça un peignoir, Willie, mais merci pour cette gentille parole.

– Geneviève en a un presque pareil.

Les lèvres de Vanessa se serrèrent mais elle se contrôla. Rien, dans sa voix, ne montra qu'il avait abordé un sujet malséant.

– Elle l'a encore ? C'est très intéressant. Parle-moi de Geneviève.

Wilbur sembla avoir du mal à répondre à cette requête.

– Il n'y a pas grand-chose à dire.

– Fouille bien ta mémoire.

– Elle était superbe à regarder.

– Je l'aurais parié.

– Blonde.

– J'aurais parié sur ça aussi.

– Elle ne parlait pas beaucoup.

– Une de ces fortes femmes silencieuses.

– Sauf quand elle était en colère après moi.

– Ça la rendait bavarde ?

– Généralement. Quoique, quelquefois, elle me jetait juste des choses à la tête.

– Quel genre de choses ?

– Oh, tout ce qui lui tombait sous la main.

– Des *woses*, peut-être ?

– Et puis, elle m'enfermait souvent dehors. Je me rappelle une fois où nous nous sommes disputés dans un night-club, et elle est rentrée à l'appartement, et quand je suis revenu elle avait mis en miettes tous les meubles avec un tisonnier, tous les tableaux, tout. « Hé, chéri, a-t-elle dit, j'ai fait le ménage. » Et puis elle m'a chassé à coups de tisonnier.

– Et alors, elle a demandé le divorce.

– Peu de temps après.

– Sur quels motifs ?

– Cruauté inhumaine.

– Pauvre âme ! Ce qu'elle a dû souffrir.

– Mais bien sûr la vraie raison c'était qu'elle avait le béguin pour ce trompettiste.

– Oh oui, j'avais oublié le trompettiste. Pas dans un orchestre célèbre, tu m'as dit, je crois.

– Non. C'est ce qui m'a étonné. J'avais toujours pensé qu'elle était plus difficile dans ses fréquentations.

– Tout à fait grande dame.

– Tout à fait.

– Eh bien, ce doit être une consolation pour toi de penser que c'est lui qu'elle poursuit avec un tisonnier, maintenant. Tu as fini la flasque ?

– Il en reste encore un peu.

– Garde-le pour célébrer la victoire, plus tard. Viens, dit Vanessa. Allons-y.

Elle avait eu l'intention de limiter l'éclairage à sa seule torche, mais son mince rayon rendait la galerie des portraits si sinistre et pleine de fantômes qu'en voyant le tremblement de Wilbur elle alluma la lumière. Elle aurait difficilement pu faire quelque chose de pire pour encourager ses terreurs. L'illumination soudaine menaça de détruire tout le bien que le feu liquide de la flasque avait fait à l'angle de son épine dorsale. Elle révélait des rangées d'ancêtres Emsworth, regardant du haut de leurs cadres avec de silencieux reproches qui avaient le plus mauvais effet sur son système nerveux. Il n'était pas présent quand le duc, dans une envolée inspirée, les avait comparés aux occupants de la Chambre des horreurs de Madame Tussauds mais, s'il l'avait entendu, il l'aurait approuvé avec ferveur. Les comtes, selon lui, étaient déjà affreux, mais les comtesses les éclipsaient. À ses yeux fiévreux, elles ressemblaient toutes à des sœurs jumelles de Lady Constance.

– Redonne-moi la flasque, murmura-t-il.

Vanessa accomplit le geste humanitaire qui lui était demandé, mais elle le fit d'un air absent, comme quelqu'un dont les pensées sont ailleurs. Bien que moins oppressée que Wilbur par les comtes et les comtesses, elle avait perdu la joyeuse exubérance avec laquelle elle était partie en expédition. Le sentiment que quelque chose allait de travers commençait à la saisir.

Deux heures tapantes, avait-elle dit, au téléphone, à Howard Chesney cet après-midi, et il avait répondu : « OK. Deux heures tapantes. J'y serai. » Mais bien que l'heure fût passée depuis longtemps, un regard par la fenêtre lui avait montré qu'il n'était pas à son poste. À l'extérieur, il y avait des lapins, des belettes, des insectes, des chauves-souris et même la chouette blanche dont Gally avait parlé à John, mais pas d'Howard Chesney. Beach aurait fait remarquer que c'était juste ce qu'il fallait aux jardins du château de Blandings pour qu'ils atteignissent la perfection, mais sa présence était essentielle à son plan de campagne et son absence lui faisait soupçonner que tout n'allait pas au mieux. Le soupçon augmenta graduellement et l'horloge au-dessus des étables écrasa tout vain espoir en sonnant la demie. Pliant sous le poids de l'échec qui est si désagréable à tous les bons tacticiens, elle se retourna pour annoncer la mauvaise nouvelle à Wilbur.

Elle était bonne perdante, pleinement en accord avec le philosophe, quel qu'il soit, qui, le premier, a déploré la futilité de pleurer sur le lait répandu. Ce n'était, se dit-elle, que l'une de ces choses auxquelles on ne pouvait rien. Elle n'avait même aucun sentiment amer envers Howard Chesney. Elle savait que seule une mésaventure de grande magnitude pouvait l'avoir empêché de venir ramasser ses mille dollars. Tout ce qu'elle ressentait, c'était de la sympathie pour la déception de Wilbur.

– J'ai bien peur, Willie… commença-t-elle.

Mais elle n'alla pas plus loin car elle vit que, pour le temps présent, les explications et la commisération seraient perdues. Effondré sur sa chaise, ses longues jambes étendues, la tête penchée, Wilbur Trout s'était endormi. Elle le regarda et fut surprise par la vague de tendresse qui la submergea. Même les meilleurs amis de Wilbur n'auraient pas prétendu que le voir endormi sur une chaise, la tête dodelinant de côté, était un spectacle enchanteur, mais pour elle cette vue avait une attirance qui croissait à mesure que les minutes passaient. Elle aurait pu s'y plonger à jamais.

Cependant, étant donné la situation, cela n'aurait pas été raisonnable. Leur intimité n'avait pas encore été envahie, mais rien ne disait que cet heureux état de fait pût durer longtemps. Elle reprit, à regret, son esprit pratique accoutumé. Elle passa la main dans ses cheveux carotte et tira.

– Il est l'heure d'aller au lit, Willie.

Il revint lentement à la vie, avec un grognement et un hoquet.

– Hein ?

– Il est temps de dire bonsoir.

– Quoi ?

– Réveille-toi. La fête est finie.

Wilbur se redressa et cligna des yeux.

– J'ai dormi ?

– Profondément.

– Bizarre, ça. Ce n'est pas comme si je n'avais pas l'habitude de me coucher tard.

Ses yeux tombèrent sur le nu étendu. Ils marquèrent sa surprise.

– Mais, il est toujours là ! Quelle heure est-il ?

– Il ne doit pas être loin de trois heures.

– Et Chesney n'est pas encore là ? Il doit lui être arrivé quelque chose.

Wilbur avait raison. Parti, dans sa voiture, vers le Shropshire et ses mille dollars, Howard Chesney n'avait pas dépassé le Worcestershire. Il gisait, une jambe cassée, dans un lit du petit hôpital du village de Wibley-in-the-Vale, dans ce comté, leçon salutaire pour les habitants du hameau : ne pas s'endormir au volant d'une voiture qui roule du mauvais côté de la route quand un camion de bouteilles d'eau minérale arrive en face.

– Oui, il doit lui être arrivé quelque chose, acquiesça Vanessa. Et nous n'y pouvons rien. Alors, comme je te le disais, la fête est finie. Je suis désolée.

Wilbur ne répondit pas. Il était allé vers le tableau et le contemplait, perdu dans ses pensées. Lentement, il prit conscience qu'elle lui avait parlé et se retourna.

– Qu'est-ce qu'il y a ?

– Rien.

– Tu as dit quelque chose.

– Seulement que j'étais désolée.

– Pourquoi ?

– Eh bien… Pas toi ?

– Tu veux dire pour ce truc ?

– Je sais combien tu en avais envie.

– Écoute, fit Wilbur, laisse-moi te dire quelque chose. Je ne veux pas de ce fichu machin.

– Quoi ?

– Je ne comprends pas comment j'ai pu croire ça. Je n'en voudrais pas, même si on m'en faisait cadeau. Ça me rend malade rien que de le regarder. Tu sais ce que je veux ?

– Quoi ?

– Toi.

– Moi ?

– Oui, toi. Je comprends maintenant quel crétin j'ai été de te laisser partir et de perdre mon temps à épouser toutes ces blondes qui ne valaient pas un pet de lapin. J'aurais dû savoir qu'elles n'étaient que de fausses alarmes et que tu étais la seule pour moi. Je me donnerais des coups de pied ! Ça montre seulement à quel point un homme peut faire l'idiot quand il veut ! Je devrais me faire soigner la tête. Bon, qu'est-ce que tu en penses ?

Vanessa ressentit un frisson de bonheur capable de rendre beaux même les comtes et les comtesses. Leurs yeux peints semblaient regarder avec bienveillance du haut de leurs cadres, comme si cette histoire d'amour leur plaisait. Même le troisième comte, celui qui serait entré dans n'importe quelle réunion de gangsters de Chicago sans se faire remarquer par aucun membre du Syndicat, avait pris l'aspect d'un oncle amical. Elle respira longuement.

– Willie ! Est-ce une demande en mariage ?

– Bien sûr que c'est une demande en mariage. Que croyais-tu que c'était ?

– Oh, on ne sait jamais. Bien sûr que je vais t'épouser, Willie.

– Voilà qui est parler, dit Wilbur.

Il traversa la pièce jusqu'à elle et la prit dans ses bras avec la dextérité pleine d'expérience d'un homme qui a pris des filles dans ses bras depuis qu'il est sorti de l'enfance et qui voudrait bien que cet état durât éternellement, mais elle se dégagea et recula.

– Oui, je vais t'épouser, Willie, mais je crois qu'il est juste que tu saches dans quoi tu t'engages.

– Que veux-tu dire ?

– Juste que, si je t'épouse, c'est pour de bon. Quand je t'aurai pris pour mon légitime époux, tu resteras pris. Tu vas devoir me garder terriblement longtemps, Willie.

– Ça me va.

– Tu es sûr ?

– Bien sûr que je suis sûr.

– Alors, je ne vois pas d'objection à ce que tu me reprennes dans tes bras. J'ai trouvé ça plutôt bon la première fois. Et maintenant, reprit Vanessa, nous devrions filer voir si nous pouvons dormir. Demain, nous dirons au revoir au château de Blandings, nous partirons pour Londres chercher une licence de mariage. On ne se marie pas devant un juge de paix, ici. Il faut aller dans un bureau d'état civil.

CHAPITRE TREIZE

1

Le matin suivant trouva, comme d'habitude, Gally dans son hamac, mais sans son monocle. Il l'avait ôté et avait fermé les yeux de façon à s'aider à penser car il avait d'intenses réflexions à faire. Une fois de plus, le chat de l'écurie, qui savait reconnaître un ami quand il en voyait un, sauta sur son estomac et ronronna intensément, mais cette fois il était trop préoccupé pour le gratter derrière l'oreille. Il fut amical mais distant.

Le Pélican Club entraînait bien ses fils, leur enseignant, quels que soient les ennuis et les anxiétés, à toujours garder le visage nonchalant de joueur de poker du Peau-Rouge sur le sentier de la guerre. Nul, en le voyant étendu là, n'eût pu supposer les affres qu'il souffrait en songeant aux difficiles affaires matrimoniales d'un filleul aimé. Pour Vanessa, qui s'approchait du hamac, il semblait avoir sa coutumière allure impassible.

– Hello, vous, dit-elle. Vous semblez à votre aise. Ne vous levez pas. Les livres de savoir-vivre disent qu'un gentleman doit toujours se lever en présence d'une dame, mais ça ne s'applique pas aux gentlemen couchés dans un hamac et surmontés de chats. Je suis juste venue vous dire au revoir.

Il fallut déplacer le chat, mais Gally ne put s'empêcher de s'asseoir. Il replaça son monocle et la considéra avec une incrédulité non dépourvue de reproches.

– Vous partez ?

– Dans une ou deux minutes.

– Vous aviez dit que vous alliez rester.

– J'ai changé mes plans. Ne me regardez pas comme ça ! Ce n'est pas que je ne vous fasse pas confiance. Je sais que les Threepwood n'ont qu'une parole. Mais quelque chose est arrivé, depuis notre conversation sur le toit. Puis-je parler librement devant le chat ? Je vous demande ça parce que c'est un secret pour le moment et je ne voudrais pas que le bruit se répande. Je vais me marier.

– Quoi !

– Oui, m'sieur ! Tout est arrangé.

Un horrible soupçon fit passer un frisson à travers les os de Gally. Sa voix trembla.

– Pas Dunstable ?

– Dieu du Ciel, non ! Qu'est-ce qui vous fait penser à lui ?

– Une fille aussi riche qu'il croit que vous l'êtes attire toujours un homme aussi avide d'argent que lui. Il vous fait la cour depuis des jours. Demandez à Connie, si vous ne me croyez pas.

– Alors, c'est ça qu'il faisait ! Ça m'intriguait.

– C'est ça. Mais, si ce n'est pas Dunstable…

– … ça doit être Wilbur Trout. C'est lui. Maintenant, dites-le.

– Dire quoi ?

– Hum.

– Je ne pensais pas à dire « Hum ».

– Je croyais que vous alliez émettre un « Hum »
réprobateur.

– Je ne désapprouve pas. Pourquoi n'épouseriez-vous
pas Trout ? Tout le monde le fait.

– Je l'ai presque fait, il y a quelques années. Nous avons
été fiancés.

– Je me demandais juste s'il est assez bien pour vous ?
Une fille qui peut se moquer de Connie mérite le meilleur
des maris. Et, bien que Trout soit reconnu comme le plus
fréquent des maris, est-il le meilleur ?

– Il le sera. J'ai toutes sortes de plans pour Willie. Je
vais le mettre au travail, supprimer les cocktails et plus
généralement lui faire comprendre que la vie est sérieuse,
que la vie est sévère. Ça sera superbe.

– Et vous croyez que vous pourrez corriger cette tendance
qu'il a à devenir super-cordial quand il rencontre une
blonde ?

– Sûrement. Ce n'est qu'une habitude nerveuse.

– Alors, acceptez mes félicitations.

– Merci.

– Vous ne vous offusquerez pas si, en vous les donnant,
je pousse un soupir ?

– Allez-y si vous voulez, mais pourquoi ?

– Je pense à mon filleul, Johnny Halliday.

– Qu'est-ce qui ne va pas, avec lui ?

– Tout. C'est une tragédie. Il aime la petite Gilpin, et
elle l'aime, mais ils ne peuvent pas se marier parce que
Dunstable refuse son consentement.

– Mon Dieu ! Je croyais que cette histoire de consentement avait disparu avec la reine Victoria !

– C'est le cas, en règle générale, mais Linda Gilpin est
sous tutelle judiciaire, et ça veut dire que le tribunal ne lui

permettra pas d'épouser ce qu'ils appellent l'autre partie sauf si son tuteur lui donne le feu vert. Son tuteur est le duc de Dunstable.

– Alors, c'est pour ça que vous parliez de tutelle judiciaire, au dîner. Et le duc ne veut pas donner le feu vert ?

– Non, à moins que je ne puisse trouver une façon de l'y obliger. Et, jusqu'ici, je n'ai été capable de rien trouver. Ce qu'il faudrait, c'est que je trouve quelque chose qui me donne barre sur lui. Vous ne connaîtriez pas un de ses coupables secrets, par hasard ?

– Je crains bien que non.

– Moi non plus. Je comprends maintenant que c'était une politique à courte vue que de refuser de le recevoir membre du Pélican Club. S'il en avait fait partie, j'aurais pu constamment garder l'œil sur lui et assembler des tas de matériels pour un chantage. Mais, en l'occurrence, je suis incapable d'aider Johnny.

– C'est difficile.

– Très difficile.

– C'est le genre de situation où on voudrait voir arriver les Marines des États-Unis. Oh, voilà Willie, dit Vanessa faisant allusion à l'appel rythmique du klaxon qui venait d'une voiture décorée arrêtée devant la porte. Je dois me dépêcher. Viendrez-vous bientôt à Londres ?

– Je n'en serais pas étonné. Je ne vois pas d'utilité à rester ici pour raisonner Dunstable, puisque je n'ai pas d'information précise sur les cadavres dans son placard.

– Donnez-moi un coup de fil. Je serai au *Barribault*. Au revoir. Et continuez à guetter les Marines des États-Unis. Je suis sûre qu'ils vont arriver.

Elle fila en courant, laissant Gally suffisamment rasséréné pour être capable de gratter le chat derrière l'oreille. Il ne pouvait partager son optimisme, mais elle lui avait un peu remonté le moral.

2

La voiture quitta l'allée et Lady Constance, en la voyant accélérer en prenant le tournant, effaça de ses lèvres le brillant sourire qu'elle y avait conservé durant les adieux. Elle ressentait un malaise croissant. L'attitude de Wilbur, quand il s'était assis derrière le volant, l'avait dérangée. Ayant vu, dans le passé, tant de romans d'amour commencer au château de Blandings, elle était devenue experte à en reconnaître les symptômes et elle avait la conviction oppressante qu'elle venait d'assister aux débuts d'un nouveau. Elle se disait que, si ce qu'elle avait détecté dans les yeux de Wilbur Trout n'était pas la lumière de l'amour, elle ne savait plus reconnaître la lumière de l'amour quand elle en voyait une.

Et la façon pleine de sollicitude avec laquelle il avait installé la fille sur le siège à côté de lui. Voulait-elle une couverture ? Était-elle sûre qu'elle ne voulait pas de couverture ? N'aurait-elle pas froid, sans couverture ? Bon, si elle était vraiment sûre de ne pas vouloir de couverture, l'autorisait-elle à allumer une cigarette ? La fumée pourrait lui piquer les yeux. Ne voyait-elle pas d'inconvénient à avoir la fumée dans les yeux ? Oh, elle voulait une cigarette aussi ? Bien. Parfait. Capital. Splendide. Et, qu'elle ne s'inquiète pas, il ne roulerait pas trop vite. Plus de risques pour lui, non.

Tout le dialogue aurait pu sortir de *Roméo et Juliette*, sans en changer un mot. Ceci, mis en conjonction avec la lueur d'amour dans ses yeux, l'envoya, en toute hâte, vers l'appartement du jardin pour prévenir le duc qu'il avait un rival pour ses vœux et qu'il ferait bien d'accélérer ces vœux d'une façon certaine. Il fallait, lui dirait-elle, bien qu'en d'autres mots, relever ses manches et se remuer.

Elle le trouva dans un état d'esprit propre à faire marcher les hommes forts de long en large avec les sourcils froncés. Sa cheville blessée, bien entendu, interdisait toute déambulation en large ou en long, mais ses sourcils étaient indéniablement froncés. Une information reçue récemment l'avait remué au plus profond de lui-même.

– Hoy ! hurla-t-il quand elle entra. Beach prétend que Trout s'en va ?

– Oui, il vient juste de partir.

– Pour où ?

– Londres.

– Et il ne reviendra pas ?

– Non.

Le duc savait additionner deux et deux. Il lui décocha un regard furieux.

– Vous avez joué la grande dame avec lui !

– Pas du tout.

– Mais il est parti ?

– Oui.

– Et je n'ai plus aucune chance de lui vendre ce tableau. Il fallait une surveillance personnelle constante. Encore une semaine et je l'aurais amené où je voulais le voir. Êtes-vous sûre que vous ne l'avez pas regardé par-dessus votre nez ?

Lady Constance prit un siège. Une personne de moindre race et de moindre self-control se serait effondrée dessus comme un sac de charbon.

– Tout à fait sûre. Et je ne m'inquiète pas pour votre tableau, Alaric. C'est bien plus sérieux que ça.

– Quoi, plus sérieux ? Comment quelque chose peut-il être plus sérieux ? Maintenant, il faudra que je le vende chez Sotheby ou ailleurs, pour la moitié de ce qu'en j'en aurais tiré de Trout. Qu'est-ce qui vous fait dire que c'est plus sérieux ? Qu'est-ce qui est plus sérieux ?

– Vanessa est partie avec lui.

– Quoi ! Elle est partie aussi ?

– Oui.

– Pourquoi ?

– Trout doit l'avoir persuadée de partir avec lui. Il est amoureux d'elle.

– Ne soyez pas idiote !

– Je vous dis qu'il l'est. Je l'ai vu en le regardant.

– Bon, elle ne peut pas être amoureuse de lui. Il a des cheveux carotte et le nez cassé.

– Je ne suppose pas qu'elle l'est. Mais on ne peut pas dire si elle ne va pas l'épouser, s'il insiste. Vous devez agir tout de suite, Alaric.

– Agir ? Agir comment ?

– Écrivez-lui immédiatement. Elle sera au *Barribault*.

– J'y ai déjeuné. C'est le coup de fusil.

– Et demandez-lui d'être votre femme. Dites que vous allez prendre une licence spéciale. Cela lui montrera combien vous êtes pressé. Vous l'aurez auprès de l'archevêque de Canterbury.

– Je sais ce que vous voulez dire. Ça coûte encore plus cher que le *Barribault*.

– Quelle importance ?

– Ça en a pour moi. Vous êtes bien comme toutes les femmes. Vous avez l'air de croire que l'argent pousse sur les arbres.

– Bon Dieu, Alaric, est-ce le moment de faire des économies ? Avez-vous oublié que Vanessa sera l'une des femmes les plus riches d'Amérique ? C'est la fille de J. B. Polk. La fille de J. B. Polk. Elle héritera de millions.

Elle avait trouvé le point sensible. L'œil du duc s'alluma d'une lumière nouvelle. Elle avait une qualité différente de la lueur d'amour que Wilbur Trout avait récemment posée sur Vanessa, mais elle était absolument remarquable. Sa voix sonna comme un clairon.

– Je vais écrire cette lettre !

– C'est la seule chose à faire. Et Beach pourra l'emporter à Market Blandings pour la faire recommander.

– Mais, je ne sais pas quoi dire.

– Je vais vous l'expliquer. Vous pourriez commencer par dire que la raison qui vous a empêché de vous déclarer plus tôt, est que vous sentiez que vous pouviez être un peu vieux pour elle.

– Vieux ?

Le duc sursauta. Il avait, depuis presque trente ans, passé la première jeunesse, mais comme tous les hommes dans ce cas il se regardait comme approchant tout juste de l'âge mûr.

– Qu'est-ce que ça veut dire, vieux ?

– Et puis… Non. Vous ne serez jamais capable d'écrire le genre de lettre qu'il faut. Il est nécessaire de choisir les mots soigneusement. Je vais la rédiger et vous la recopierez.

En voyant Lady Constance s'asseoir au bureau et prendre la plume, le duc ressentit des émotions mêlées. En homme fier, il s'irritait de voir ses lettres d'amour écrites par un tiers, mais d'un autre côté, il devait admettre que, dans la crise actuelle, il avait bien besoin d'un « nègre » car, laissé à sa propre inspiration, il n'aurait pas même su comment commencer. Ne parlons pas de remplir les quatre pages qui semblaient le minimum irréductible. C'était un grand correspondant du *Times*, le gouvernement ne pouvait pas faire un pas sans entendre parler de lui, mais cette épître demandait des dons qu'il savait ne pas posséder. Ce fut donc avec approbation qu'il regarda la plume de sa collaboratrice courir sur le papier. Quand elle eut fini, il lui prit le manuscrit avec un plaisir anticipé.

Il est donc bien dommage qu'une lecture attentive n'ait pas aboli, chez lui, toute critique destructive. Il scruta le document avec consternation et rendit son verdict avec âpreté. Il aurait pu être l'un de ces lecteurs écossais que Byron détestait tant.

– Voici, dit-il – ses yeux protubérant comme ils avaient rarement protubéré auparavant – la plus abominable guimauve que j'aie jamais lue.

Si Lady Constance fut vexée, elle ne le montra pas. Elle leva peut-être un sourcil, mais si peu que ce fut à peine perceptible. Comme tout auteur, elle savait son œuvre au-dessus des critiques.

– Vraiment ? dit-elle. Peut-être pourriez-vous me dire ce qui heurte votre goût si sensible.

– Eh bien, d'abord : « Je ne peux pas vivre sans vous. »

– Vous pensez qu'on devrait mettre : « sans votre argent » ?

– C'est trop sacrément obséquieux. Ça la met, dès le début, au-dessus de sa valeur. Mais ce n'est rien à côté de ce charabia à propos du clocher de l'église. « Je vous aime comme le clocher de l'église aime le nuage qui flotte au-dessus de lui. » Est-ce que c'est une façon de parler ? Elle va penser que je suis timbré.

– Pas du tout. Une charmante pensée. Vous souvenez-vous de Bertie Weaver ? Non, sûrement pas. Il n'est resté que peu de temps au château. C'était le secrétaire de mon père et il m'a dit ces mêmes mots, un soir où nous nous promenions près du lac. Je me suis souvent demandé où il les avait trouvés, parce qu'il n'était pas du genre poétique. Il faisait partie de l'équipe de rugby, à Cambridge. D'une pièce qu'il avait vue, je suppose. C'est la sorte de choses qu'on dit, dans les pièces. Cela m'avait énormément impressionnée et je suis sûre que cela impressionnera Vanessa. Autre chose ?

– Je n'aime rien de tout ça.

– Eh bien, c'est tout ce que vous aurez. Je suppose que, même si vous vous êtes foulé la cheville, vous êtes capable d'aller jusqu'au bureau. Et, une fois là, copiez mot pour mot ce que j'ai écrit, car je n'ai aucune intention de composer une version révisée.

Et, sur cet ultimatum, Lady Constance quitta la pièce avec hauteur, laissant le duc, comme tant de femmes laissent tant d'hommes, incapable d'avoir le dernier mot.

Pendant plusieurs minutes après son départ, il sacra et ronchonna, comme aurait dit sa nièce Linda, mais naturellement cela ne le mena nulle part. Peu importe le nombre de fois où il souffla sur sa moustache en maugréant : « Ah, les femmes ! » Il ne pouvait pas échapper à l'inévitable. Une demi-heure plus tard, quand il eut accompli sa tâche, scellé l'enveloppe et rédigé l'adresse, on frappa discrètement à la porte et Lord Emsworth entra.

Ce n'était pas sa bonté naturelle qui l'amenait dans la chambre du malade. Tous les livres de savoir-vivre étaient là pour lui dire qu'une visite était indispensable de la part d'un hôte pour un invité qui s'était foulé la cheville en tombant dans son (celui de l'hôte) escalier personnel, mais il aurait certainement ignoré cette règle de bienséance s'il n'avait eu la conviction que, ce faisant, il risquait une pénible entrevue avec Connie. « Es-tu allé voir Alaric ? » l'entendait-il lui dire. Et un « Hein ? Quoi ? Alaric ? Oh, tu veux dire Alaric. Eh bien, non, en fait, pas encore » aurait eu des résultats désastreux.

Son seul espoir était que cette visite fût de courte durée et, en définitive, le duc s'arrangea pour la rendre encore plus courte. Parler avec Lord Emsworth était l'une des choses qui l'exaspéraient le plus.

– Oh, c'est vous, dit-il. Vous pouvez faire quelque chose pour moi, Emsworth. Cette lettre. Très important. Doit partir immédiatement. Donnez-la à Beach et dites-lui de l'emporter au bureau de poste de Market Blandings pour la faire recommander. Tout de suite.

Le soulagement que ressentit Lord Emsworth à la conclusion rapide d'une visite qu'il craignait de voir traîner lamentablement se mêla à des sentiments moins agréables. Merveilleux, d'être en position de répondre à Connie, quand elle le questionnerait – « Si je suis allé voir Alaric ? Bien sûr que je suis allé voir Alaric. Nous avons eu une longue et intéressante conversation » – mais il n'aimait pas la référence à Beach et à Market Blandings.

– Demander à Beach d'aller à Market Blandings ? Par ce temps ?

– Ça lui fera du bien.

– Je ne sais pas ce qu'il dira.

– S'il ose émettre un mot de protestation, bottez-lui les fesses à lui en faire passer la colonne vertébrale à travers son chapeau.

– Très bien, Alaric.

– Et ne restez pas là comme ça. Remuez-vous !

– Oui, Alaric.

– Cette lettre doit partir sans délai.

– Oui, Alaric.

– Oh, autre chose, ajouta le duc. J'allais oublier de vous le dire. Je vais vous poursuivre en dommages et intérêts pour ma blessure à la cheville. Nous n'en discuterons pas pour l'instant, vous recevrez mes avocats en temps utile.

3

Gally, dans son hamac, avait de nouveau fermé les yeux, et pensait une fois de plus à John et Linda, ainsi qu'aux Marines des États-Unis. Il fut tiré de sa rêverie par une voix bêlant son nom et, ouvrant les yeux, fut ennuyé de trouver son frère Clarence penché sur lui. L'interruption avait fait dérailler le train de ses pensées et, bien que le train n'eût montré en aucune façon qu'il allât quelque part, il en était irrité. L'ennui se changea vite en inquiétude quand il remarqua l'agitation de son visiteur. Contrairement aux membres du Pélican Club, Lord Emsworth, quand il recevait les flèches et les traits d'une fortune adverse, permettait toujours à ses doutes et à ses craintes d'être visibles à l'œil nu.

– Quelque chose ne va pas, Clarence ?

– C'est vrai, Galahad.

– Connie, je suppose ? Ne la laisse pas t'embêter. Reste ferme. Réponds-lui du coin des lèvres.

– Ce n'est pas Connie, c'est Alaric.

– Applique la même politique.

– Mais il dit qu'il va me faire un procès parce qu'il s'est foulé la cheville dans l'escalier.

– Laisse-le faire. Il n'a pas la moindre chance.

– Tu le crois vraiment ?

– Engage un bon avocat pour ta défense et regarde-le le tailler en pièces. Ce sera fait en trois coups de cuiller à pot. « N'est-il pas exact que vous galopiez en descendant cet escalier à cent à l'heure pour aller prendre un cocktail ? » et puis : « Serait-il juste de dire que vous vous étiez imbibé comme une éponge tout l'après-midi ? » ou bien : « Je suggère que vous étiez saoul comme une grive ». Il l'aura démoli en moins de deux minutes et le jury l'enverra se faire voir.

Lord Emsworth sembla se regonfler comme un ballon. On pouvait toujours faire confiance à Galahad, pensa-t-il, pour appréhender les difficultés et trouver les solutions pour en sortir.

– Tu m'as grandement soulagé, Galahad. J'espère que tu pourras aussi tout arranger pour cette lettre. Alaric veut que je demande à Beach de la porter à Market Blandings.

– Et quel est ton problème ?

– Je ne peux pas demander à Beach de faire cette longue marche par cette chaleur.

– Pourquoi ne pas la mettre sur la table du hall, avec le reste du courrier ?

– Alaric a tellement insisté pour qu'elle parte tout de suite. Et il faut la recommander.

– Je vois.

– Je suppose que Beach ne refusera pas vraiment si je lui dis d'aller à Market Blandings, mais il n'aimera pas ça. Je l'aurais bien portée moi-même, mais j'ai rendez-vous avec Banks à la porcherie.

Gally avait bon cœur et, comme il l'avait dit précédemment à son frère, il pensait qu'il ne fallait pas laisser toutes les bonnes actions aux scouts. Il s'extirpa de son hamac.

– Je m'en charge, si tu veux.

– Oh, Galahad ! Tu ferais vraiment ça ?

– La promenade me fera du bien.

– Voilà la lettre.

– Bon.

– Merci beaucoup, Galahad.

– De rien. Toujours heureux de rendre service. Oh, c'est bizarre. Elle est adressée à Vanessa Polk.

– Banks et moi, nous allons discuter de cette nouvelle pilule vitaminée pour les porcs, sur laquelle j'ai lu quelque chose dans un livre. À prendre dans un peu de lait caillé.

– Pourquoi diable lui écrit-il ?

– Il paraît qu'elle fait des merveilles. Encore merci, Galahad. C'est extrêmement gentil à toi.

Gally glissa la lettre dans sa poche, les sourcils pensivement froncés. Il ne voyait pas la raison de cette soudaine urgence, de la part du duc, de devenir le correspondant de Vanessa Polk. Et il était encore loin d'avoir résolu ce mystère quand ses méditations furent, à nouveau, interrompues par une voix, et il vit que sa sœur Constance l'avait rejoint.

– Ah, te voilà, Galahad, dit-elle.

Il n'y avait pas trace, dans ses manières, du dépit qu'elle avait ressenti en quittant l'appartement du jardin. Deux choses s'étaient conjuguées pour lui rendre sa bonne humeur. La première était la pensée réconfortante que son récent critique était un atrabilaire imbécile, incapable de reconnaître de la bonne littérature quand on lui en présentait ; la seconde qu'elle allait faire extrêmement enrager Galahad, un plaisir qu'elle ne pouvait pas s'offrir souvent.

– Je te cherchais, dit-elle. Je me demande si tu te rappelles une conversation que nous avons eue, il y a peu de temps.

– Je me souviens d'avoir eu, avec toi, quelques mots à propos de mon filleul Halliday.

– Je ne faisais pas référence à ça. Je parlais d'Alaric.

– Alaric ? Avons-nous eu une conversation à son propos ? Ah, oui, ça commence à me revenir. Tu disais que tu espérais qu'il allait épouser Vanessa Polk…

– … Et tu disais qu'il était trop égocentrique et trop amateur de son confort pour penser à se remarier. Eh bien, il pourra t'intéresser d'apprendre qu'il a écrit une lettre à Vanessa pour lui demander de devenir sa femme et que Beach est en train de la porter à Market Blandings.

– Dieu du Ciel ! Tu te paies ma tête ?

– Non.

– Il a vraiment écrit à cette poupée pour la demander en mariage ?

– Oui.

– Comment le sais-tu ?

– Il m'a montré la lettre. Elle est forcée d'accepter. N'importe quelle fille voudrait devenir duchesse. Et ce sera un excellent mariage pour Alaric.

– Puisqu'elle est la fille de J. B. Polk, le super magnat.

– Exactement. Bon, Galahad, on dirait que tu n'es pas aussi bon juge en matière de caractère que tu le pensais.

– On dirait, n'est-ce pas ?

– Tu es toujours tellement certain d'avoir raison quand tous les autres ont tort.

– Ne retourne pas le couteau dans la plaie. Serait-il prématuré d'aller féliciter Dunstable ?

– Étant donné qu'il est hautement improbable que Vanessa refuse sa proposition, je n'y vois pas d'objection.

– J'y vais de ce pas. Hé ! Tu n'entends rien ?

– Non.

— Moi si. Le clop-clop-clop d'une course effrénée et des milliers de voix viriles chantant *La bannière étoilée*. Comme la jeune Polk avait raison. Les Marines des États-Unis sont arrivés.

4

Étendu sur son canapé, regardant les ombres s'allonger sur la pelouse, dehors, le duc semblait, pratiquement, d'excellente humeur. Serein serait, sans doute, le mot juste. Il se sentait serein. Mais quand une forme humaine se profila dans la porte-fenêtre et qu'il vit que c'était Gally, sa bienveillance diminua notablement. Il n'avait jamais beaucoup aimé ce compagnon de sa jeunesse et son regard était celui d'un homme qui se demande ce qui lui vaut l'honneur de cette visite.

— J'ai pensé qu'il fallait que je vienne, dit Gally.

— Oh ?

— Vous demander des nouvelles de votre cheville.

— Oh ?

— Comment va-t-elle ?

— Mal.

— Bon. Je veux dire, je suis désolé. Que dit le docteur ? Aucun signe de gangrène ? C'est à ça qu'il faut faire attention, la gangrène. Vous rappelez-vous ce camarade du bon vieux temps, appelé Postlethwaite ? Il avait été mordu à la jambe par un chat siamois, il a attrapé la gangrène et il a trépassé illico. Vous allez probablement me dire que vous n'avez pas été mordu à la jambe par un chat siamois, et c'est un bon argument bien sûr, mais même comme ça on ne sait jamais. Avez-vous de drôles impressions de chaleur ? De la fièvre ? Des points qui bougent devant vos yeux ? Mais, mon Dieu ! poursuivit Gally. Je ne devrais pas parler comme ça. Le secret, quand on visite les affligés, est de garder un front souriant, d'être joyeux et plein d'allant et de leur faire oublier leurs peines. Je vais vous remonter le moral avec quelque chose d'amusant. Mais quoi ? Ah ! Bien sûr, oui, la petite Polk. Ça va vous faire rire. On s'est aperçu que c'était un imposteur. C'est bizarre, comme le château de Blandings semble attirer les imposteurs comme la valériane attire les chats. Ils ont un faible pour cet endroit. Quand deux ou trois imposteurs sont réunis, ce n'est qu'une question de temps avant qu'ils ne se disent : « Allons faire un tour à Blandings » et hop ! ils arrivent. C'est déroutant. Je me demande quelquefois si Connie est réellement Connie. Comment puis-je être certain que ce n'est pas un espion international habilement maquillé en Connie ? Le seul de la faune locale dont je me sens raisonnablement sûr est Beach. Il a l'air vrai. Pour en revenir à la petite Polk…

Tout au long de cette harangue, le duc avait essayé de parler, mais il avait échoué. En partie parce qu'il manquait des dons nécessaires à un homme voulant interrompre Gally, mais principalement parce qu'une paralysie semblait avoir saisi ses cordes vocales, l'empêchant de prononcer une parole. Il réussit alors à émettre quelques mots. Ils vinrent dans un murmure rauque, mais ils émergèrent.

– Qu'est-ce que c'est ? bredouilla-t-il. Qu'est-ce que c'est ? Voulez-vous dire que Vanessa Polk n'est pas Vanessa Polk ?

– Eh bien, oui et non.

– Qu'est-ce que ça veut dire, oui et non ?

– C'est un peu complexe, mais je pense pouvoir vous expliquer. Elle est bien Vanessa Polk, mais pas, comme elle l'avait laissé entendre, la fille du ploutocrate J. B. Polk. Elle est le rejeton d'un P. P. Polk, un Polk du Norfolk. Polk est un vieux nom du Norfolk, m'a-t-elle dit. Il était valet de chambre.

– Quoi !

– Ou gentleman personnel d'un gentleman, si vous préférez. Sa mère avait été femme de chambre ici. La poupée, elle-même, est secrétaire. C'est risible, n'est-ce pas, de penser que Connie, entre toutes, s'est fait avoir. Ce sera une bonne leçon pour elle, qui fait toujours tant d'histoires à propos des imposteurs sponsorisés par d'autres.

Le duc ne riait pas. Le son qui lui avait échappé ressemblait plutôt à un râle d'agonie. Sa bouche béait et ses yeux menaçaient de sortir de ses orbites.

– Threepwood !

– Oui ?

– Je... Je...

– Oui ?

– Threepwood, j'ai écrit une lettre à cette femme pour la demander en mariage.

– C'est ce que m'a dit Connie et j'ai été sidéré. Une vraie histoire de Cendrillon, l'humble petite secrétaire qui épouse le grand duc, dit Gally.

Il avait failli dire « le gros duc », mais il avait fait preuve de tact et utilisé l'autre adjectif.

– Vous ne le regretterez pas, Dunstable. Vous avez gagné le gros lot. L'une des plus jolies filles que j'aie jamais rencontrées. Vous ne pouviez pas trouver mieux pour vos jours déclinants.

Le duc ricana avec émotion.

– Vous ne pensez pas que je vais l'épouser maintenant, quand même ?

– Non ?

– Bien sûr que non.

– Et si elle vous poursuit pour rupture de promesse de mariage ?

– Il ne faut pas qu'elle reçoive cette lettre ! Sonnez Beach.

– Pourquoi ?

– Il n'est peut-être pas encore parti.

– Avec la lettre ?

– Oui.

– Mais Beach ne l'a pas. Je l'ai. Clarence était ennuyé de demander à Beach de courir sous les rayons ultraviolets si dangereux du soleil, alors j'ai dit que je la porterais. Je l'ai ici.

Le duc poussa un énorme soupir. Sa mâchoire inférieure reprit sa place et ses yeux reprirent leur place dans leur orbite.

– Merci mon Dieu ! Vous auriez pu me le dire avant, bougonna-t-il avec un regard venimeux. Vous m'avez presque rendu fou.

– Je sais. Mais, c'était très amusant, n'est-ce pas ?

– Donnez-la-moi !

– Certainement, mon cher ami. C'est pour ça que je suis venu. Mais, avant la cérémonie de la reddition, j'ai une ou deux simples conditions à poser. Clarence me dit que vous voulez intenter une action contre lui parce qu'il a des escaliers glissants. Vous allez laisser tomber.

– Bien sûr, bien sûr, bien sûr. Au diable Emsworth et ses escaliers. Donnez-moi la lettre !

– Encore un seul article, pour le traité, si c'est la bonne expression. Vous devez aussi renoncer à ces stupides objections que vous avez contre le mariage de mon filleul et de votre nièce.

– Quoi ?

Gally n'était que sympathie et compréhension. Sa voix était douce.

– Je sais exactement ce que vous ressentez. Chaque fois que votre cheville vous fait souffrir, vous avez de mauvaises pensées envers lui et cela ne me surprend pas. Mais, c'est comme ça. On n'y peut rien. Vous devez avaler la couleuvre. Parce que, si vous ne voulez pas l'avaler, la lettre arrivera à la Polk, en recommandé.

Un silence, du genre généralement décrit comme lourd, tomba sur l'appartement du jardin. Le duc aurait pu le rompre en traitant Gally d'infâme maître chanteur comme il avait une certaine inclination à le faire, mais, alors que ses lèvres s'ouvraient pour prononcer le mot, la prudence lui conseilla de n'en rien faire. La pensée de cette rupture de promesse de mariage l'en empêcha.

Il savait tout sur les ruptures de promesses de mariage. Il en avait déjà eu une, lui-même, dans sa jeunesse. On lisait vos lettres tout haut au tribunal et tout le monde s'esclaffait. Et tout était publié dans le journal du lendemain. La reculade était amère, mais tout valait mieux que de rester assis en écoutant un fichu avocat entonner ce truc à propos du clocher de l'église et du nuage. Il déglutit plusieurs fois avant d'être enfin capable de parler. Quand il le put, son ton était acariâtre.

– Mais, pourquoi diable veut-il l'épouser ?

– L'amour, Dunstable. L'amour.

– Elle n'a pas un penny.

– Il ne voit pas les choses à votre manière grippe-sou.

– Et lui, a-t-il de l'argent ?

– Bien assez.

– Je veux dire que j'espère qu'ils ne s'attendent pas à ce que je les entretienne.

– Seigneur, non ! Il marche bien, au barreau, et il a des intérêts dans cette galerie d'art où vous avez acheté le tableau. C'est un commerce très prospère. Des gogos entrent tout le temps avec des chéquiers et des stylos. Vous n'avez pas à vous inquiéter pour les finances de Johnny. Alors, c'est dit ?

– Je le suppose.

Si on pouvait émettre une critique sur le ton avec lequel le duc prononça ces trois mots, ce serait sur son absolu manque d'enthousiasme. Il était assez proche du grognement d'un loup sauvage qui se serait heurté le menton contre un rocher, mais il n'était ni enthousiaste ni aimable. Gally, cependant, n'y trouva rien à redire.

– Bon, dit-il. Excellent. Capital. Alors, il ne nous reste plus qu'à terminer les formalités en couchant tout cela par écrit. Pouvez-vous sautiller jusqu'au bureau ?

– Je pense.

– Alors, sautillez, enjoignit Gally.

CHAPITRE QUATORZE

Un autre jour d'été tirait à sa fin et le crépuscule était tombé une fois de plus sur le château de Blandings. L'Impératrice s'était retirée dans ses appartements. Le chauffeur Voules jouait de l'harmonica. Le chat de l'écurie faisait une rapide toilette avant de sortir pour la nuit. Et, dans la cuisine, madame Willoughby, la cuisinière, mettait la touche finale à un gâteau roulé noyé de confiture que Beach porterait bientôt à la bibliothèque où Gally et Lord Emsworth se régalaient de leur dîner de bons plats anglais. Maintenant qu'ils étaient seuls, avait dit Lord Emsworth, c'était bien plus agréable là que dans le vaste salon où étaient servis les repas sous le règne de Lady Constance qui était désormais sur l'océan, à quelques heures d'être réunie à James Schoonmaker.

Par la fenêtre ouverte, entraient les senteurs de bétail et de feuilles de tabac qui se mêlaient à l'arôme du gigot d'agneau, des pommes de terre bouillies et des épinards par lesquels le repas avait débuté. Beach apporta le gâteau roulé et se retira ; alors Lord Emsworth poussa un soupir de contentement. À l'époque de Lady Constance, il aurait fait sauter son plastron, mais maintenant, il tendit seulement le devant de sa veste de chasse trouée aux coudes. Ses orteils s'agitèrent voluptueusement dans ses pantoufles.

– C'est très agréable, Galahad, dit-il.

Et Gally partageait son sentiment.

– Je pensais la même chose, Clarence. Pas de Connie, pas de Dunstable. La paix, la paix parfaite avec les êtres aimés au loin, pourrait-on dire. Je suis désolé de m'en aller.

– Il le faut, je suppose.

– Je doute que le mariage soit légal sans moi.

– Quelqu'un que tu connais va se marier ?

– Mon filleul.

– Je ne l'ai jamais rencontré, n'est-ce pas ?

– Bien sûr que si. Le type qui est tombé dans l'escalier.

– Ah, oui. Et qui épouse-t-il ?

– Linda Gilpin.

– Qui est Linda Gilpin ?

– La fille qui l'a embrassé après qu'il soit tombé dans l'escalier. Je vais être le témoin de Johnny.

– Qui est…

– Oui, je vois que tu es perdu. Johnny et mon filleul sont la même personne. Tu comprends, maintenant ?

– Parfaitement, parfaitement. Ton filleul, Johnny épouse Linda Gilpin.

– Tu l'as dit. Et je dois être là pour le peloton d'exécution. De plus, Trout et Vanessa Polk insistent pour que je dîne avec eux avant qu'ils ne s'envolent pour leur lune de miel.

– Qui est Trout ?

– Le type qui a épousé Vanessa Polk.

– Qui est Vanessa Polk ?

– La fille qui a épousé Trout. Ils se sont mariés ensemble et ils vont passer leur lune de miel à Nassau.

– C'est là où il y a des chutes, c'est ça ? Les gens les descendent dans des tonneaux, mais je suppose que les jeunes couples ne font pas ça. Mais, sans doute, monsieur et madame Trout trouveront un autre moyen de passer le temps. Tu dis Vanessa Polk ? N'a-t-elle pas séjourné ici ?

– C'est ça. Et Trout aussi.

– Il me semblait que les noms m'étaient familiers. Gentille fille. Très connaisseuse en cochons. J'espère qu'elle sera très heureuse.

– Je suis sûr qu'elle le sera.

– Et j'espère que ton filleul sera très heureux.

– Ne sois pas inquiet pour lui. Il aime sa poupée.

– Je croyais que tu avais dit qu'elle s'appelait Linda.

– Poupée est le terme générique. Au fait, Connie t'a-t-elle fait des confidences pendant qu'elle était ici ?

– Pas beaucoup.

– Alors, tu ne sais sans doute pas quel sérieux obstacle a dû être surmonté pour permettre la conjonction entre Johnny et Linda Gilpin. Tout a été bien aventuré pendant longtemps. Des obstacles se sont dressés. Il a fallu négocier des virages dangereux. Ils n'ont eu le feu vert que tout à la fin. Mais tout est fini, maintenant. J'ai l'impression d'assister au dénouement d'une pièce de théâtre, l'une de ces petites choses délicates que les Français font si bien. Tu connais le genre, légèrement sentimental, le sourire succédant aux larmes. Je mange mon dîner. La tempête est finie, il y a du soleil dans mon cœur. Je prends un verre de vin en songeant à ce qui s'est passé. Et maintenant, il faut quelque chose pour faire tomber le rideau. Un toast est tout indiqué. Buvons au Pélican Club, sous la douce férule duquel j'ai appris à rester calme, à garder le sourire et à toujours penser un rien plus vite que l'homme d'en face. Au Pélican Club, dit Gally en levant son verre.

– Au Pélican Club, répéta Lord Emsworth en brandissant le sien. Qu'est-ce que le Pélican Club, Galahad ?

– Que Dieu te bénisse, Clarence. Reprends donc un peu de gâteau roulé.

Ce volume,
le quinzième
de la collection « Domaine étranger »,
publié aux Éditions Les Belles Lettres,
a été achevé d'imprimer
en avril 2015
sur les presses
de la Nouvelle Imprimerie Laballery
58500 Clamecy, France